Como Atender Online:
um guia para psicólogos

ANA CLARA LAGE
ANDREA JOTTA
GABRIELLA CRONEMBERGER
GUILHERME TEIXEIRA OHL DE SOUZA
HELOÍSA KUHNEN
IVELISE FORTIM
JOÃO VICTOR REZENDE DOS SANTOS
KATTY ZÚÑIGA
LIGIA KINZO
PAULO ANNUNZIATA
THIAGO FRANCISCO PEPPE DEL POÇO

Como Atender Online:
um guia para psicólogos

Organizadores:
IVELISE FORTIM
JOÃO VICTOR REZENDE DOS SANTOS
THIAGO FRANCISCO PEPPE DEL POÇO

Freitas Bastos Editora

Copyright © 2024 by Ana Clara Lage, Andrea Jotta, Gabriella Cronemberger, Guilherme Teixeira Ohl de Souza, Heloísa Kuhnen, Ivelise Fortim, João Victor Rezende dos Santos, Katty Zúñiga, Ligia Kinzo, Paulo Annunziata e Thiago Francisco Peppe Del Poço

Todos os direitos reservados e protegidos pela Lei 9.610, de 19.2.1998. É proibida a reprodução total ou parcial, por quaisquer meios, bem como a produção de apostilas, sem autorização prévia, por escrito, da Editora.

Direitos exclusivos da edição e distribuição em língua portuguesa:
Maria Augusta Delgado Livraria, Distribuidora e Editora

Direção Editorial: *Isaac D. Abulafia*
Gerência Editorial: *Marisol Soto*
Diagramação e Capa: *Deborah Célia Xavier*
Revisão: *Sabrina Dias*

Dados Internacionais de Catalogação na Publicação (CIP) de acordo com ISBD

C735	Como Atender Online: Um Guia para Psicólogos / Ivelise Fortim... [et al.] ; organizado por Ivelise Fortim, Thiago Francisco Peppe Del Poço, João Victor Rezende dos Santos. - Rio de Janeiro, RJ : Freitas Bastos, 2024. 260 p. : 15,5cm x 23cm. Inclui bibliografia. ISBN: 978-65-5675-374-4 1. Psicologia. 2. Atendimento online. I. Fortim, Ivelise. II. Del Poço, Thiago Francisco Peppe. III. Santos, João Victor Rezende dos. IV. Annunziata, Paulo. V. Kinzo, Ligia.VI. Zúñiga, Katty. VII. Souza, Guilherme Teixeira Ohl de. VIII. Kuhnen, Heloísa. IX. Cronemberger, Gabriella. X. Jotta, Andrea. XI. Lage, Ana Clara. XII. Título.	
2024-57		CDD 150 CDU 159.9

Elaborado por Odilio Hilario Moreira Junior - CRB-8/9949
Índices para catálogo sistemático:
1. Psicologia 150
2. Psicologia 159.9

Freitas Bastos Editora
atendimento@freitasbastos.com
www.freitasbastos.com

Sumário

Introdução ... 7

Atendimento online – antes e depois da pandemia ... 17

Eficácia, Limites e Possibilidades das Terapias Online Síncronas ... 43

Legislações sobre atendimento online: Resoluções e Lei Geral de Proteção de Dados ... 65

Transformações no setting do atendimento psicológico ... 77

Montagem do Consultório virtual: passo a passo ... 97

Plataformas de atendimento: vantagens e desvantagens ... 113

Atendimento de crianças e adolescentes ... 123

Psicoterapia de casais ... 137

Terapia de Grupo ... 151

Atendimento online de expatriados ... 163

Avaliação Psicológica ... 169

Sistemas de Terapia Automatizados e Aplicativos de Saúde Mental ... 181

O uso de jogos digitais no contexto psicoterapêutico ... 195

Impactos da Inteligência Artificial no atendimento online ... 205

Os psicólogos e as redes sociais ... 215

Impactos dos atendimentos online nos profissionais ... 235

Palavras finais ... 245

Sobre os organizadores ... 249

Sobre os autores ... 251

Sobre o Janus ... 255

Introdução

Ivelise Fortim,
Thiago Francisco Peppe Del Poço,
João Victor Rezende dos Santos

"Como Atender Online: Um Guia para Psicólogos" foi escrito como um guia prático e clínico para psicólogos(as) que praticam atendimentos *online*, nesta era que consolida as mudanças em como os atendimentos de saúde mental são realizados.

O livro nasceu da necessidade de organizar em um documento a experiência de muitos anos de trabalho com atendimento *online*. O Janus – Laboratório de Estudo de Psicologia e Tecnologias de Informação e Comunicação (Clínica Psicológica Ana Maria Poppovic – PUC-SP) atende *online* há mais de 20 anos. Este trabalho é fruto da observação das necessidades de formação dos nossos estagiários e aprimorandos deste serviço.

O atendimento *online* não é uma prática nova, mas ganhou grande repercussão e ampla adoção após a pandemia de COVID-19, que teve lugar nos anos de 2020/2021. O assunto ficou especialmente importante. Na época a grande maioria dos psicólogos que não praticava atendimentos *online* foi forçado atender nessas condições, a maioria deles sem formação específica ou sem nunca ter atendido *online* anteriormente.

O objetivo é proporcionar textos básicos para os leitores que estão se iniciando na prática do atendimento psicológico *online* ou para aqueles que já atuam profissionalmente e desejam fazer uma reciclagem profissional. Consolidar um livro sobre esse assunto atende a necessidade de debater e compreender os desafios colocados pelo atendimento *online* aos(as) psicólogos(as).

Os desafios são diversos: alguns desafios envolvem a adaptação das práticas da psicologia para ambientes digitais; outros, se referem a questões tecnológicas; outros ainda, em como manter os princípios e posturas éticas diante de um ambiente onde não se possui controle total.

Os capítulos foram produzidos por acadêmicos e profissionais com prática em atendimento *online* há muitos anos, e contam com descrições sobre procedimentos que poderão ser reproduzidos, não apenas por profissionais experientes, mas também por aqueles que estão se aproximando desta área de conhecimento e de atuação. Alguns textos se propõem a ser reflexões mais teóricas; outros mais marcados a orientações práticas do atendimento; outros, ainda, destinos a debater o atendimento de públicos e populações específicas.

As práticas de atendimento *online*, contudo, mudam rapidamente dado o avanço da tecnologia, que é constante. Nós acreditamos que o uso dessas tecnologias no atendimento irá ampliar o acesso aos serviços de psicologia em diversos lugares onde estavam inacessíveis, resultando em uma abrangência de maior público.

Com este livro espera-se contribuir para que a prática do atendimento *online* seja realizada de maneira consciente, ética e crítica, e principalmente, para que haja o entendimento de que para atender *online* de forma adequada e ética não basta abrir o programa de videoconferência com o paciente.

Os capítulos deste livro foram organizados em três blocos para facilitar o processo de aprendizagem sobre o tema proposto. No primeiro bloco, intitulado "Fundamentos", serão abordadas as bases científicas e a sustentação teórica dessa prática, contextualizando historicamente o desenvolvimento dessa área até a atualidade, apresentando as evidências existentes sobre as possibilidades e limites do atendimento psicológico *online*.

O segundo bloco, "Práticas em Atendimento *Online*", focará na aplicação prática do atendimento. Serão apresentados todos os preparativos e cuidados que os(as) psicólogos(as) devem tomar antes de iniciar os atendimentos, bem como as possibilidades e precauções necessárias ao lidar com cada público atendido. Além disso, serão exploradas outras formas de intervenção que as Tecnologias de Informação e Comunicação (TICs) possibilitam ao atendimento psicológico.

Por fim, o último bloco, "Questões para os Profissionais", se dedicará ao profissional, enfocando como as TICs também afetam o terapeuta, já que, no contexto dessas tecnologias, tanto o paciente quanto o terapeuta possuem suas subjetividades. Esse aspecto é fundamental para compreender o impacto das TICs em ambos os lados na relação terapêutica.

Com relação ao material apresentado, no capítulo proposto por Ivelise Fortim, se discute sobre como a pandemia de COVID-19 alterou a prática de atendimento psicológico, configurando-se como uma nova demanda para os psicoterapeutas. O atendimento *online* já existia pré-pandemia, mas durante a pandemia foi significativamente potencializado. Ivelise ainda apresenta vantagens do atendimento *online*, bem como suas limitações. A autora relata que mesmo depois do fim da pandemia, o atendimento *online* se mantém, mostrando que houve uma modificação na forma de prestação de serviços psicológicos em decorrência da pandemia.

Thiago Francisco Peppe Del Poço discorre sobre a terapia *online* eficaz, baseada em robustas análises científicas assim como as vantagens e limitações da psicoterapia *online*. Como vantagens, Thiago destaca comodidade, facilidade de acesso, flexibilidade, potencial de diminuir o estigma associado à procura de ajuda psicológica, permitir maior anonimato e aumentar a disponibilidade de terapeutas especializados. Como limitações o autor destaca a ausência de interação interpessoal, os episódios de falhas técnicas de dispositivos e conexão, que podem prejudicar a qualidade da sessão, e a necessidade de competências tecnológicas por parte dos terapeutas e pacientes são alguns dos desafios encontrados na terapia *online*.

João Victor Rezende dos Santos e Guilherme Teixeira Ohl de Souza discorrem sobre as resoluções para atendimento psicológico *online* emitidas pelo Conselho Federal de Psicologia ao longo das últimas duas décadas, mostram como as resoluções foram se modificando e adaptando os atendimentos psicológicos frente à nova cultura das tecnologias da informação e comunicação. Os autores também explicam sobre a Lei Geral de Proteção de Dados (LGPD), que é uma lei que visa a proteção dos dados do usuário, no caso de pacientes e psicólogos(as), frente a novos problemas causados por criminosos digitais como sequestro e vazamento de dados, golpes diversos, furto de identidade e vírus.

Paulo Annunziata expõe algumas das mudanças principais que ocorreram na prática psicológica via TICs, em especial ao atendimento psicoterapêutico *online*. Além disso, o autor explora discussões sobre as consequências dessas mudanças. Também levanta reflexões sobre a utilização de aplicativos de mensagens instantâneas como, por exemplo, o WhatsApp, entre os(as) psicólogos(as) e seus pacientes. Adicionalmente, são destacados os desafios específicos enfrentados no atendimento durante a pandemia de COVID-19, considerando que algumas condições de atendimento já passaram pela fase mais crítica.

Andrea Jotta, João Victor Rezende dos Santos e Ivelise Fortim descrevem como a tecnologia tem mudado as práticas na psicologia, relatando todas as suas vantagens em comparação às terapias tradicionais presenciais. Os autores explicam passo a passo sobre os elementos necessários para que o atendimento *online* possa ocorrer e ser efetivo como montagem do *setting* virtual, conexão com a internet, dispositivos e plataformas de atendimento.

Katty Zúñiga apresenta como o atendimento *online* democratizou o acesso à psicologia, pois os atendimentos podem ser feitos de qualquer lugar, até localizações mais remotas. Explica como as mídias sociais afetam a "neutralidade" do(a) psicólogo(a) e do seu potencial para fazer rede de contatos, entre outras facilidades como a supervisão *online*. Ainda explica sobre os rastros digitais deixados pelo(a) psicólogo(a) e o impacto no atendimento clínico. Mostra vantagens e desvantagens de plataformas de atendimento e modelos desses atendimentos (síncronos e assíncronos).

Ana Clara Lage discute as particularidades do atendimento *online* para crianças e adolescentes. Ela destaca a importância dos psicoterapeutas estarem atentos às especificidades dessa faixa etária no modelo *online*, mesmo considerando as características do atendimento presencial. A modalidade *online* trouxe desafios e necessidades específicas, anteriormente pouco exploradas antes da pandemia de COVID-19. A autora ressalta a importância de os terapeutas estarem atualizados em relação às práticas, plataformas e possibilidades de atendimento *online*, enquanto mantêm os princípios éticos da psicologia. A atenção ao *setting* terapêutico, à privacidade, à interação com a família e ao uso adequado de materiais e técnicas são elementos fundamentais para garantir um atendimento psicológico de qualidade.

João Victor Rezende dos Santos apresenta o tema dos atendimentos de Casais, que é uma subdivisão de Terapia Familiar. Nesse capítulo o autor apresenta como fica o *setting* terapêutico no modo *online*: casal em câmeras diferentes, casal na mesma câmera com a possibilidade de olhar olho no olho e ambos olharem o psicoterapeuta pela tela do dispositivo. O autor ainda apresenta as vantagens dessa modalidade como flexibilidade de horários e deslocamento, e também apresenta limitações como risco de suicídio, violência doméstica e abuso de substâncias por um dos cônjuges, que não foi ainda tratado. Explicita a importância de assim como no modo presencial, a terapia individual em certos casos, além da de casal, também ser necessária.

Ligia Kinzo fala sobre os atendimentos em grupo *online*, descreve a história desses grupos que já existem desde a década de 1980 em formatos assíncronos. Além dessa modalidade hoje existe a modalidade síncrona. A autora mostra as necessidades por parte do psicoterapeuta para que o grupo funcione bem como: modalidade (aberto ou fechado); duração; tema específico ou generalista. Também mostra cuidados importantes como contrato terapêutico adaptado para grupos, utilização de vídeo e áudio por todos, organizar os participantes para indicar qual é a vez de quem falar etc. Para a autora, o terapeuta deve assegurar um ambiente virtual seguro, respeitando a privacidade e a confidencialidade de todos os envolvidos; destaca também que é de extrema importância que o atendimento terapêutico em grupo *online* seja conduzido por profissionais competentes, que adotem práticas éticas e garantam a segurança dos participantes.

Ligia Kinzo apresenta o Atendimento *Online* para Expatriados, que são pessoas nascidas em um país que se mudaram para outro país. A autora discute sobre o impacto cultural na migração e da importância de ter terapia com um terapeuta do seu país, linguagem e cultura de origem, nesse casso somente o modelo *online* pode ser utilizado. O psicoterapeuta que realiza sessões *online* pode ajudar o paciente a explorar o autoconhecimento e a enfrentar os sentimentos de não pertencimento ao país em que vive.

As autoras Ivelise Fortim, Heloísa Kuhnen e Gabriella Cronemberger, mostram as implicações, benefícios e limitações de aplicações de testes psicométricos no modelo *online*. Revelam que deve haver um parecer favorável pelo Sistema de Avaliação de Testes Psicológicos (SATEPSI) para que o teste possa ser aplicado de maneira ética. Detalham em quais casos há vantagens da aplicação *online* e casos que a aplicação é desencorajada.

Thiago Francisco Peppe Del Poço mostra como os aplicativos e robôs de bate-papo (*chatbots*) têm alterado a prática psicológica. Apresenta ainda a eficácia comprovada desse tratamento para diversas psicopatologias além de ser acessível para quem não possa arcar com os custos de uma psicoterapia tradicional. Por outro lado, o autor ponta suas limitações e necessidade de um psicoterapeuta real, pois esses sistemas de terapia não conseguem estabelecer vínculo terapêutico e nem captar nuances de comportamento verbal e não verbal do paciente. De qualquer maneira, é uma boa forma de pessoas utilizarem essas ferramentas e quebrarem o estigma de fazer psicoterapia.

Ivelise Fortim fala sobre o uso de jogos digitais durante o atendimento psicológico, tendo em vista os jogos possíveis, os objetivos terapêuticos, e quais cuidados devem ser tomados na decisão da utilização dessas ferramentas durante os atendimentos.

Katty Zúñiga também explica que os(as) psicólogos(as) devem utilizar as mídias sociais cuidadosamente para entender seu funcionamento e ofertar um serviço com qualidade. Os profissionais podem aproveitar esse espaço para compartilhar suas publicações, promover seu trabalho de forma ética e ensinar o público sobre os temas da psicologia. No entanto, é importante que respeitem as particularidades do seu trabalho e ajam de acordo com o Código de Ética do Psicólogo, diferenciando sua presença profissional das interações pessoais nas redes sociais.

Gabriella Cronemberger fala sobre os impactos do atendimento *online* no(a) psicólogo(a). Discorre sobre a saúde do corpo e mental do profissional. Explica sobre a necessidade de cuidado e um nível adequado de preparação técnica, que inclui instrução, uso de ferramentas tecnológicas adequadas, emprego de instrumentos ergonômicos e estipular contratos bem definidos com os pacientes e com os próprios terapeutas.

O livro procura abordar a maioria dos temas que compõe nossa prática. Esperamos que você possa aprender tanto com o livro quanto nós ao fazê-lo!

Ivelise Fortim
Thiago Francisco Peppe Del Poço
João Victor Rezende dos Santos

FUNDAMENTOS

Partindo da premissa de que a psicologia se baseia na ciência, este conjunto de capítulos iniciais abordará e explicará as bases teóricas e científicas que sustentam a prática do atendimento psicológico *online*.

Para alcançar esse objetivo, serão apresentados os seguintes tópicos: uma breve contextualização histórica dessa modalidade de atendimento; a eficácia do atendimento *online*, considerando suas possibilidades e limitações com base em estudos empíricos.

Nessa primeira seção, serão fornecidas as informações prévias necessárias para que os profissionais de saúde mental estejam preparados para embarcar nos atendimentos *online* com segurança e conhecimento.

Atendimento *online* – antes e depois da pandemia

Ivelise Fortim

INTRODUÇÃO

A pandemia de COVID-19 instaurou um contexto de extraordinária singularidade na contemporaneidade. Dentro desse panorama excepcional, a necessidade de adaptação dos atendimentos em saúde surgiu, abarcando a esfera da oferta de assistência psicológica. Diante desse quadro, os profissionais da saúde mental se viram compelidos a oferecer modalidades de atendimento remoto.

OS ATENDIMENTOS ONLINE ANTES DA PANDEMIA

Os atendimentos psicológicos *online* não se iniciaram na pandemia. No Brasil, já havia discussão sobre a regulamentação do serviço desde os estágios iniciais da internet, sendo que a primeira Resolução do Conselho Federal de Psicologia foi criada em 2000 (Resolução CFP n° 006/2000).

Até o período da pandemia, entretanto, poucas pesquisas sobre o assunto foram desenvolvidas pelos brasileiros, sendo que podemos citar como exemplos Almeida e Rodrigues, 2003; Fortim e Cosentino, 2007; Hallberg e Lisboa, 2016; Pieta e Gomes, 2014; Prado e Meyer, 2006; Rodrigues e Araújo Tavares, 2016; Ruffo, 2016; Siegmund *et al.*, 2015 e Siegmund; Lisboa, 2015; Vidal e Cardoso (2020).

O preconceito dos(as) psicólogos(as) contra o atendimento *online* era considerável, apesar de existir um *corpus* robusto de evidências que sustentam que os atendimentos *online* podem ser tão eficazes quanto o tratamento presencial (Varker *et al.*, 2019; Ierardi, Bottini e Crugnola, 2022). Antes do período pandêmico, essa apreensão contemplava temores associados ao empobrecimento das interações digitais e a perda da observação da corporeidade dos pacientes, conforme destacado por Verztman e Romão-Dias (2020). Nesse contexto, emergiam também inquietações acerca da possível desumanização dos vínculos terapêuticos, da potencial inadequação e vulnerabilidade desses meios à invasão de privacidade, da carência na formação dos profissionais para a utilização das tecnologias, e ainda, da possível precarização do fazer do(a) psicólogo(a), conforme apontado por Viana (2020). Questões adicionais se delineavam, envolvendo, por exemplo, a pertinência limitada do formato *online* para pacientes sob risco iminente de suicídio e/ou para casos clínicos de maior severidade, tais como psicoses, bem como sua aplicabilidade questionável em relação a grupos específicos como crianças conforme observado por Capoulade e Pereira (2020).

Os atendimentos *online* vieram e vêm apresentando várias potencialidades, como o rompimento de barreiras geográficas no acesso a especialistas não disponíveis na região, que por conseguinte facilitava o início do tratamento; alcance de pacientes com dificuldades de mobilidade, seja por questões físicas ou vulnerabilidades, incluindo questões climáticas e segurança; atendimento na língua materna para expatriados, entre outros (Afjes--van Doorn *et al.*, 2021; Békés *et al.*, 2020; Carvalho *et al.*, 2021; Ferracioli *et al.*, 2023; Gilbertson, 2020; Höfner *et al.*, 2021; Messina; Löffler-stastka, 2021; Silva, 2022).

CARACTERÍSTICAS DO ATENDIMENTO PSICOLÓGICO ONLINE

O atendimento *online* apresenta determinadas características, incluindo a utilização de tecnologias específicas, o uso de plataformas digitais e desafios relacionados à manutenção do sigilo, entre outros aspectos. A literatura internacional categoriza as intervenções pela internet em três modalidades distintas (Andersson, 2018). A primeira modalidade consiste em programas autoguiados, que utilizam a internet para fornecer informações sem a participação direta de um terapeuta. A segunda modalidade são os processos autoguiados de ajuda, que envolvem uma participação limitada, mas regular, orientada por um terapeuta. A terceira modalidade abrange as psicoterapias *online* conduzidas por meio de e-mail, *chat*/voz ou videoconferência, em que a comunicação terapeuta-paciente ocorre exclusivamente pela internet.

É importante ressaltar que as psicoterapias *online* são subdivididas em síncronas e assíncronas. As intervenções síncronas são aquelas realizadas em tempo real, e as assíncronas, são caracterizadas por intervalos de tempo entre as mensagens, como ocorre em trocas de e-mails ou programas guiados pelo terapeuta (Andersson, 2018). Além disso, a terapia *online* pode ser conduzida através de diversas modalidades, incluindo a utilização de jogos digitais, realidade virtual, entre outros recursos, conforme mencionado por Robertson (2020).

O atendimento *online* pode ser realizado por plataformas de videochamadas ou aplicativos de comunicação instantânea, intermediado pelo próprio terapeuta, ou estar intermediado por plataformas que fazem o contato entre terapeuta e paciente, podendo gerenciar virtualmente algumas tarefas de consultório. Para além disso, o terapeuta pode utilizar outras formas de comunicação para complementar o tratamento, tais como ferramentas de autoajuda, aplicativos, *websites* etc. (Robertson, 2020).

Ainda como características dos atendimentos *online*, é importante que o terapeuta desenvolva habilidades clínicas e logísticas para atendimentos a distância. Isso inclui um espaço de trabalho confidencial, adequado e sem distrações, conexão estável e tecnologias seguras, combinados com referência a participação do paciente nas sessões, verificação da identidade do cliente, privacidade do cliente para atendimentos, entre outros, tais como a constituição de um plano de emergência a depender da localização do cliente (Souza *et al.*, 2020).

Variáveis como idade, acesso à tecnologia, conhecimento da tecnologia, localização do paciente, situações de vulnerabilidade, podem fazer diferença na forma como o atendimento psicológico é prestado. Pacientes jovens demonstram maior afinidade com essa modalidade de atendimento devido à sua familiaridade com a tecnologia (Antúnez *et al.*, 2021; Ferracioli *et al.*, 2023).

Antes da pandemia, o atendimento *online* era uma das opções disponíveis para psicólogos(as) e clientes, escolhida com base em vários critérios. É preciso considerar que havia públicos específicos para os quais essa modalidade não era aconselhável. No entanto, a pandemia trouxe mudanças substanciais, uma vez que, em muitos casos, o atendimento *online* tornou-se a única alternativa viável para a prestação de serviços psicológicos.

ATENDIMENTOS *ONLINE* NA PANDEMIA

No período de isolamento social, as orientações gerais, dadas especialmente pelos governos estaduais eram de que as pessoas permanecessem em casa. Dado esse cenário, observou-se a implementação de diversas estratégias virtuais com o propósito de abordar a crise no âmbito da saúde mental. Essas condições encontram paralelos em epidemias passadas, exemplificadas pela SARS (Síndrome Respiratória Aguda Grave), uma epidemia que ocorreu na China entre os anos de 2002 e 2004. Nesse contexto, o emprego do atendimento psicológico remoto emergiu como uma ferramenta de relevância primordial, desempenhando um papel central na abordagem das demandas concernentes à saúde mental (Schmidt *et al.*, 2020). Em muitos casos no Brasil, essa foi a única forma de atendimento viável, dado que muitos serviços presenciais permaneceram fechados.

Após o desenrolar da pandemia de COVID-19, houve uma reconfiguração no âmbito do atendimento psicológico remoto, sendo que essa modalidade de atendimento se expandiu de maneira notável, atingindo um patamar de 98% de adoção do atendimento *online* por parte dos profissionais portugueses no ano de 2021, por exemplo (Sampaio *et al.*, 2021).

Conforme apontado por Pierce *et al.* (2021), um conjunto de variáveis, incluindo idade, gênero e a localização urbana ou rural do(a) psicólogo(a), exerceu impacto sobre a propensão em disponibilizar serviços de atendimento *online* durante a pandemia. Observou-se, mais especificamente, que psicólogas do sexo feminino oriundas de áreas urbanas manifestaram maior propensão para ofertar tais serviços. Segundo Békés *et al.* (2020), apesar de terapeutas mais jovens demonstrarem aptidões digitais superiores para lidar com videoconferências, terapeutas mais experientes e de maior idade revelaram competências terapêuticas melhores para efetuar a transição ao atendimento *online*.

A despeito da transição forçada e súbita e do agravamento decorrente da crise global, os profissionais de psicoterapia reportaram uma experiência satisfatória no tocante à psicoterapia *online*, sendo que diversos obstáculos práticos foram gradualmente minimizados nos primeiros meses da pandemia. Esse panorama pode ser atribuído à capacidade adaptativa dos terapeutas para se ajustarem ao novo formato terapêutico ao longo do tempo, encontrando abordagens para superar os desafios inicialmente confrontados (Torres *et al.*, 2022).

Em um exame comparativo das iniciativas no âmbito da psicologia nos países integrantes do BRICS (Brasil, Rússia, Índia, China e África do Sul) no contexto da pandemia, Almondes et al. (2021) sustentam que, embora todos os países componentes tenham se dedicado ao enfrentamento da COVID-19 no domínio da saúde pública, com destaque também para a saúde mental, no Brasil o atendimento *online* ficou subdesenvolvido, apesar de sua expansão durante o período pandêmico. Em paralelo a outras nações (como Índia e África do Sul), o Brasil se confronta com desigualdades socioeconômicas e tecnológicas, obstáculos que limitaram a penetração dos serviços *online* nas camadas populacionais indígenas, rurais e economicamente mais vulneráveis (Almondes et al., 2021).

No Brasil, o Conselho Federal de Psicologia (CFP) autoriza a realização de psicoterapia *online*, abrangendo contatos virtuais, tanto síncronos quanto assíncronos, e regula a prestação de serviços psicológicos através de tecnologias da informação e comunicação por meio da resolução CFP n° 11/2018. Inicialmente, essa resolução proibia o atendimento de pessoas e grupos em situações de urgência, emergência, desastres, violação de direitos ou violência.

Contudo, no início da pandemia, o CFP introduziu a resolução 04/2020, que permitiu outros tipos de atendimento que anteriormente eram restritos. Além disso, a Resolução n° 4/2020, autorizou o exercício do atendimento psicológico *online* mesmo antes da aprovação do cadastro no e-Psi, necessário para a prática *online* dos(as) psicólogos(as). É importante destacar que a demanda pelo cadastro na plataforma e-Psi aumentou consideravelmente durante o período da pandemia, de acordo com informações do CFP.

Em relação às modalidades de prestação de serviços durante o período pandêmico, foram identificadas diversas modalidades. Uma investigação de Catunda et al. (2020) revelou o emprego de visitas virtuais direcionadas a pacientes hospitalizados, enquanto Silva e Lima (2020) abordaram o uso de visitas familiares virtuais, mediadas por profissionais de psicologia, bem como plantões psicológicos *online* (Gontijo et al., 2020; Paiva et al., 2020; Silva, 2022).

Além disso, foram oferecidos trabalhos *online* focalizados em adultos que sofrem de transtornos mentais graves, conforme investigado por Takeda

(2020). Crianças vítimas de violência intrafamiliar também foram objeto de atendimento remoto, conforme discutido por Tachibana *et al.* (2021). Por outro lado, intervenções voltadas para os pais e familiares de estudantes em escolas públicas foram abordadas no estudo de Alves *et al.* (2021). Destaca-se, adicionalmente, que instituições de ensino superior em todo o Brasil desencadearam iniciativas abrangentes no tocante ao atendimento direcionado à saúde mental, conforme relatado por Fortim *et al.* (2023), Calvetti *et al.* (2021), Vivenzio *et al.* (2022), entre outros. Os atendimentos realizados na pandemia se mostraram efetivos na maioria dos casos (Chi *et al.*, 2022).

DESAFIOS COM RELAÇÃO AOS PACIENTES E AO AMBIENTE DE ATENDIMENTO

Kotera *et al.* (2021), em uma amostra de 9 terapeutas americanos, apontam que a maioria dos participantes considerou que a terapia *online* na pandemia funcionou melhor do que o esperado, levando a crença de que a continuidade do atendimento *online* seria boa após o período pandêmico. Apontam benefícios como a flexibilidade geográfica e temporal, acesso maior a psicoterapia, custo reduzido e número de psicólogos(as) disponíveis facilitaram os atendimentos. Para pacientes com dificuldades geográficas e/ou com circunstâncias particulares, tais como ser cuidador de crianças, idosos ou doentes, facilitaria o acesso. Entretanto, vários desafios foram apresentados aos atendimentos. Seguem abaixo os desafios citados com mais frequência:

Acesso à internet e aparelhos: Em relação aos desafios apresentados no atendimento *online* durante a pandemia, podemos destacar, sobretudo, alguns pontos como as dificuldades em relação ao acesso, especialmente ao considerar que a maior parte da população brasileira utiliza *smartphones* para acessar a internet (Comitê Gestor da Internet no Brasil, 2021; Schmidt *et al.*, 2020). A utilização de *smartphones* faz com que o acesso ao atendimento seja de baixa qualidade, por proporcionar câmeras pequenas, instabilidade de sinal, conexão predominantemente 3G, falta de segurança etc. A falta de qualidade da conexão também foi um fator apontado, dado que uma conexão instável significa interrupções no atendimento, podendo haver prejuízo de forma significativa. Entretanto, a adoção dos *smartphones* também é considerada por vários autores como uma ampliação do acesso ao atendimento (Simpson *et al.*, 2021). Kotera *et al.* (2021) e Carvalho (2020) também apontam desafios com relação a interrupções tecnológicas (tais como conexão ruim, baixa qualidade de vídeo, ou falta de habilidades tecnológicas) e equipamentos ruins. Essas dificuldades teriam impacto na continência do ambiente terapêutico, prejudicando em parte o relacionamento. A falta de rituais de entrada e saída da sessão também seriam fatores prejudicados, pois no ambiente *online* não há descontinuidade com a vida cotidiana (Burgoyne; Cohn, 2020; Kotera *et al.*, 2021). Hardy *et al.* (2021) mostram que, para o atendimento de casais, também houve dificuldade de manter um foco na câmera onde aparecessem os dois clientes.

Falta de privacidade e sigilo: Uma das grandes dificuldades foi a manutenção da privacidade e do sigilo. A Sociedade Brasileira de Psicologia (2020) abordou as questões de sigilo, dado que em situações de isolamento social onde a família é comumente reunida em uma casa estas condições foram muito difíceis de serem conseguidas (Antúnez *et al.*, 2021; Payne *et al.*, 2020). Hardy *et al.*, (2021), que pesquisaram terapeutas de casais, também indicam como desafios do atendimento o desconforto sentido pelos clientes ao fazerem o atendimento em casa (falta de privacidade), pois no atendimento *online* é mais difícil impedir a entrada de crianças, dado que no isolamento social, em geral, os pais estavam com seus filhos em casa.

Interrupções no atendimento: As interrupções no atendimento, por outros membros da família, pela própria tecnologia (mensagens, telefonemas, notificações), e a ocorrência de comportamentos que não ocorreriam na sessão (atender a campainha para buscar uma compra, dar assistência a um animal doméstico etc.) são intervenções consideráveis no *setting* (Békés *et al.*, 2020). A falta de privacidade e as interrupções foram apontados por diversos autores como os principais desafios do atendimento na pandemia (Békés *et al.*, 2020; Hardy *et al.*, 2021; Kotera *et al.*, 2021; Pierce *et al.*, 2020).

Pacientes graves: Os casos de pacientes graves com diagnósticos psiquiátricos e com ideação ou tentativa de suicídio foram reportados como grandes dificuldades para o atendimento. Devido ao isolamento social, muitos serviços de saúde estavam fechados e não puderam receber estes pacientes (Robertson, 2020). Segundo Pierce *et al.* (2020), os(as) psicólogos(as) que atenderam estes casos na pandemia acreditavam que pacientes com diagnósticos graves, como transtornos de personalidade, transtorno bipolar, transtorno *borderline*, por exemplo, foram mais difíceis de tratar em atendimento *online*; estes talvez requeressem um treinamento especializado, que o terapeuta não dispunha, sendo que muitos tiveram relutância em aceitar esses pacientes por conta de problemas de segurança. Em contraposição, transtornos de ansiedade, dificuldades de relacionamento, questões com o sono foram percebidas como questões que puderam ser tratadas *online*. Kotera *et al.*, (2021) apontam que em casos graves as dificuldades tecnológicas podem ter um impacto maior sobre os pacientes, além do fato de que estes podem estar em ambientes inadequados para a realização de uma terapia.

Controle dos ambientes: Kotera *et al.*, (2021) acreditam que controle do ambiente da terapia foi um desafio importante. A possibilidade de controlar o próprio computador (exemplos: diminuir o volume de algum paciente que fale alto, ajustar o tamanho da janela em que se vê o paciente) também trazem alterações para o atendimento. Outros desafios apontados por Hardy *et al.* (2021) foram a falta de controle sobre o *setting* e as interrupções nos atendimentos. O profissional tem pouco controle sobre os ambientes, tanto sobre o seu próprio (que poderia sofrer mudanças com a intervenção de pessoas como familiares, crianças, campainhas, animais domésticos etc.), mas especialmente em relação ao do seu paciente, tais como invasão no *setting*, interrupções, pessoas ouvindo atrás da porta, comportamentos que não ocorreriam em sessão (por exemplo, consumo de bebidas alcoólicas), e outros (Békés *et al.*, 2021; Hardy *et al.*, 2021). Na pesquisa conduzida por Fortim *et al.* (2022) existem diversos relatos de pacientes que quiseram ser atendidos em locais públicos, tais como dentro do transporte público.

Violência: A existência de pacientes em situação de violência doméstica foi um fator desafiador para o atendimento. Esse tema se tornou particularmente complicado com relação à violência contra a mulher, dado que os agressores poderiam estar na mesma residência que a vítima. O Conselho Federal de Psicologia emitiu uma orientação informando que caso se tomasse ciência de situação de violação de direitos ou de violência durante o atendimento regular por meios tecnológicos da informação e da comunicação (TICs), o/a terapeuta deveria tomar as medidas cabíveis, em consonância com o Código de Ética, para encaminhamento e articulação junto à rede de proteção (CFP, 2020). Segundo documento produzido pela Fiocruz, que trata da Violência Doméstica e Familiar na COVID-19, o número de casos de violência doméstica se agravou em diversos países. No Brasil, estima-se que as denúncias tenham aumentado em até 50% (Melo *et al.*, 2020a).

Segurança: O acesso a locais geográficos distantes, apesar de ser um facilitador e dar acesso a diferentes pacientes, também traz questões como as de segurança do cliente. A análise de risco feita face a face pode ser mais efetiva do que a *online* em casos de risco de suicídio e violência, por exemplo. Também é mais difícil traçar um plano de segurança, dado que o terapeuta pode não ter acesso ou conhecimento dos recursos de encaminhamento local. Este fato piorou na pandemia, visto que que serviços essenciais de saúde estavam fechados, e o risco assumido pelos profissionais foi maior (Payne *et al.*, 2020).

Atendimento de crianças: Muitas dificuldades foram citadas neste tipo de atendimento, como, por exemplo, a dificuldade de a criança e/ou adolescente ter um espaço de privacidade, sem a interferência dos pais. Também há inúmeros relatos de pais escutando e/ou interferindo no atendimento (Burgoyne; Cohn, 2020). Payne *et al.* (2020) em sua revisão, apontam que a terapia *online* é mais efetiva para crianças mais velhas e adolescentes do que para crianças menores. No caso de crianças menores, o atendimento se beneficia do envolvimento dos pais, que devem estar juntos na sessão. As adaptações para o atendimento infantil são muitas, dado que a manutenção da atenção e do foco pelas crianças é difícil de manter; o brinquedo e a brincadeira são difíceis de substituir (*videogames* e brincadeiras em separado não teriam o mesmo efeito) (Burgoyne; Cohn, 2020). Ainda assim, autores apontam o papel positivo de tais iniciativas (Tachibana *et al.*, 2021), sendo que muitos terapeutas exerceram a criatividade nestes atendimentos.

Habilidades tecnológicas: Nem todos os terapeutas dispunham, no início do isolamento social, de habilidades tecnológicas para a prestação do serviço. Esse fato foi melhorando ao longo da pandemia, conforme essas habilidades foram sendo adquiridas (Payne *et al.*, 2020).

DESAFIOS COM RELAÇÃO AOS TERAPEUTAS

Segundo Békés *et al.* (2021), as primeiras experiências *online* diminuíram ou reduziram as preocupações sobre a efetividade do atendimento *online* e levaram a atitudes mais positivas com relação à psicoterapia *online*, sendo que a experiência na pandemia modificou as preocupações e atitudes com relação a essa prestação de serviço. Entretanto, como a adoção do atendimento *online* na pandemia foi muitas vezes obrigatório e não voluntário, a transição para o *online* também pode ter tido impactos negativos na percepção da efetividade do atendimento. Outro ponto negativo seria a situação estressante da pandemia para o próprio terapeuta, o que influenciaria essa visão.

Békés *et al.* (2021), em uma amostra de terapeutas americanos, levantaram quatro tipos diferentes de desafios com relação aos atendimentos *online* no início da pandemia: 1) Conexão emocional (sentir-se conectado com os pacientes, perceber emoções, expressar ou sentir empatia); 2) Distração durante as sessões (terapeuta ou paciente); 3) privacidade (manter um espaço privado, confidencialidade) e 4) limites dos terapeutas (espaço profissional, configuração de limite). Todos os quatro tipos de desafios foram associados a menor qualidade percebida do relacionamento terapêutico (aliança de trabalho e relacionamento real), e atitudes mais negativas em relação à psicoterapia *online* e sua eficácia. Após 3 meses, desafios percebidos em três domínios — conexão emocional, privacidade dos pacientes, e os limites dos terapeutas — diminuíram significativamente, enquanto os desafios no quarto domínio — Distração — aumentaram. No início, as preocupações dos terapeutas sobre a capacidade de se conectar com os pacientes *online* pareciam ser as mais impactantes, na medida em que previam atitudes negativas em relação à psicoterapia *online* e sua eficácia percebida 3 meses depois. As preocupações gradativamente passaram a girar em torno das distrações.

Falta de formação para o atendimento online: Milhares de psicólogas(os) foram lançados ao atendimento *online*, muitas vezes sem nenhum tipo de experiência anterior a esse tipo de atendimento, e não possuíam habilidades anteriores tanto nas questões logísticas da tecnologia como nas questões clínicas e éticas que envolvem esse tipo de atendimento. Kotera *et al.*, (2021) afirmam que a falta de preparação e treinamento para a terapia *online* foi um ponto que impactou os terapeutas que foram forçados a adotar essa modalidade, dado que a maioria das formações em Psicologia não possui discussões sobre o assunto. Isso impactou na falta de documentação dos atendimentos; na falta de orientação tecnológica, tanto para terapeutas e pacientes; e na falta de orientação em como as relações terapêuticas podem ser desenvolvidas *online*. Apontam ainda que muitos profissionais só puderam contar com suas redes de apoio e de colegas no aprendizado para a realização desse tipo de atendimento. Apesar de se referirem aos Estados Unidos, o mesmo vale com relação ao Brasil, dado que não houve apoio de nenhuma instância, municipal, federal ou estadual para a formação e prestação dos serviços. Fortim (2022) aponta sobre a importância de conhecer regras e normativas do Conselho Federal de Psicologia no Brasil com relação ao atendimento *online*, a Lei Geral de Proteção de Dados e as formas de exploração de dados pessoais praticados pelas plataformas gratuitas das Big Techs, utilizadas prioritariamente nos atendimentos. Na pandemia, vários profissionais ignoraram essas questões. Muitos aplicativos especializados em atendimento psicológico também apresentam problemas e falta de clareza nas informações, em especial em como utilizam os dados de terapeutas e pacientes (Marques *et al.*, 2022). Diversos autores ressaltam a importância da inclusão destes aspectos na formação da Psicologia (Cosenza *et al.*, 2021; Silva *et al.*, 2022; Silva *et al.*, 2021).

Perda da leitura da linguagem corporal e contato visual: Na pesquisa de Kotera *et al.* (2021) todos os participantes apontaram dificuldades na falta de contato visual e de linguagem corporal, que se perdem no ambiente *online*. Em outros casos, foram comuns as dificuldades em relação à leitura da comunicação com os pacientes, em especial no que tange a linguagem não verbal (linguagem corporal), a capacidade de compreender o olhar do paciente, dado que a câmera não permite a interação olho no olho. O posicionamento da câmera, em geral, da cintura para cima, impossibilita esta leitura (Castanho *et al.*, 2020; Hardy *et al.*, 2021; McBeath *et al.*, 2020; Rivera, 2020; Robertson, 2020; Stefan *et al.*, 2021).

Manejo do silêncio: O silêncio como parte da linguagem pode perder seu sentido dado que o ambiente físico não é compartilhado e por costumeiramente não haver certeza se há um silêncio de fato, ou se há problemas de conexão da internet entre o terapeuta-paciente, o que pode gerar um silêncio produtor de ansiedade (Castanho *et al.*, 2020; Rivera, 2020; Robertson, 2020; Stefan *et al.*, 2021).

Saúde mental dos profissionais: O(a) psicólogo(a) também estava à mercê dos efeitos das mudanças abruptas que decorrem da pandemia em si, como, por exemplo, a mudança de formato do atendimento, a adoção do *home office*, o que para alguns profissionais se manifestou como uma perda por não poder trabalhar presencialmente, como efeitos comuns de adoecimento ou vulnerabilidades (Antúnez *et al.*, 2021; Macedo *et al.*, 2020; Melo *et al.*, 2020; Robertson, 2020). Outros pontos importantes foram com relação ao cansaço profissional, bem como a fadiga do uso prolongado de videoconferências (*zoom fadigue*), letargia e desconforto após um longo período de atendimentos diante da tela (Hardy *et al.*, 2021). Autores como Aafjes-Van Doorn *et al.*, (2021) utilizam ainda o conceito de trauma vicário (um efeito cumulativo e deletério em terapeutas que engajaram empaticamente com pacientes traumatizados) para definir as questões de saúde mental enfrentadas pelos profissionais na pandemia. O nível de trauma vicário encontrado em terapeutas foi moderado e comparável com o que aconteceu em outros desastres (tais como o do furacão Katrina), sendo que 15% dos entrevistados reportaram essa experiência. Os níveis de estresse dos terapeutas foram maiores no início da pandemia, havendo estabilidade após 12 semanas. Sampaio *et al.* (2021) informam também que 37% dos terapeutas de uma amostra portuguesa tiveram sintomas de *burnout*.

Preocupações com o trabalho desenvolvido: Os terapeutas sentiram dificuldades iniciais, como a preocupação com a falta de efetividade do trabalho *online*, se sentir menos capaz de fornecer o atendimento, não poder manter um espaço de privacidade, não conseguir adesão de determinadas populações como idosos, população rural, população sem habilidades digitais (Dores *et al.*, 2020; Lin *et al.*, 2021; Sampaio *et al.*, 2021). No período de transição foi apontada uma diminuição de pacientes, sendo que alguns não tiveram interesse no novo formato; contudo, com o progresso da pandemia, houve aumento progressivo da procura por atendimento (Dores *et al.*, 2020; Lin *et al.*, 2021; Stefan *et al.*, 2021). Aqueles que trabalharam em setores públicos se sentiram mais impactados do que os que trabalhavam em setor privado (Lin *et al.*, 2021).

Reembolsos e pagamentos: Segundo Pierce *et al.* (2020), outro ponto a se considerar para os profissionais foi a política de reembolsos e de pagamentos dos convênios de saúde. Anteriormente a pandemia, muitos convênios não aceitavam realizar pagamentos e reembolsos de consultas *online*, fato que teve de ser modificado durante a pandemia. No Brasil, diversos convênios passaram a aceitar recibos e notas fiscais desses atendimentos, sendo que alguns passaram a adotar plataformas específicas de teleatendimento, fossem proprietárias ou em parceria com ferramentas já existentes.

Visão do terapeuta na tela: Uma parte considerável dos programas de videoconferência apresenta a imagem de si mesmo na tela. Estar vendo a si mesmo na tela não é comum no atendimento presencial, e pode se configurar como uma distração no atendimento, bem como fonte de ansiedade e preocupação com a aparência (Payne *et al.*, 2020).

Apesar de todas as questões da pandemia, diversos autores mostram que existe uma intenção da continuidade da prática do atendimento *online*, mesmo após o período de isolamento social (Hardy *et al.*, 2021; Kotera *et al.*,

2021; Pierce *et al.*, 2020). Isso poderá trazer implicações para a forma como os(as) psicólogos(as) prestam seus serviços, o que terá impactos tanto na formação quanto na prática psicoterápica.

CONSIDERAÇÕES FINAIS

Embora o trabalho *online* em saúde mental aconteça há tempos, depois da pandemia de COVID-19 os atendimentos foram intensificados, assim como foram também evidenciadas as percepções dos problemas envolvidos, bem como verificadas as vantagens e possibilidades dos atendimentos psicológicos *online*. Pode-se concluir que há certo atraso brasileiro em relação à difusão do atendimento psicológico *online* e consequentes estudos, preparação dos profissionais envolvidos, aprofundamentos e, principalmente, regulações e diretrizes dos órgãos competentes.

Os desafios no atendimento psicológico na pandemia foram diversos e foi necessário adaptabilidade dos profissionais diante desse cenário. Com relação ao futuro do atendimento *online*, ainda serão necessários mais estudos, mas diversos serviços e profissionais tem reportado que muitos, se não a maioria, dos terapeutas e pacientes continuaram dando continuidade a esta forma de atendimento mesmo após a pandemia. A ampla utilização trouxe modificações na forma de prestação do serviço psicológico que parecer perdurar. A adoção dos atendimentos *online* de forma definitiva parece ser a escolha de muitos profissionais a partir de agora. Isso traz impactos tanto em pesquisa quanto em formação dos novos profissionais.

EXERCÍCIOS DE FIXAÇÃO

- Descreva quais foram os benefícios à população (psicólogos e pacientes) da resolução n° 04/2020 durante a pandemia de COVID-19?
- Elenque os desafios e preocupações que os profissionais de psicologia precisaram se defrontar quando da necessidade dos atendimentos *online* em tempos de distanciamento.

REFERÊNCIAS

AAFJES-VAN DOORN, K. *et al.* What Do Therapist Defense Mechanisms Have to Do With Their Experience of Professional Self-Doubt and Vicarious Trauma During the COVID-19 Pandemic? **Frontiers in Psychology**, v. 12, 2021. DOI: 10.3389/fpsyg.2021.647503.

ALMEIDA, L. P; RODRIGUES, J. T. Narrativa e internet: possibilidades e limites do atendimento psicoterápico mediado pelo computador. Psicologia: **Ciência e Profissão,** v. 23, p. 10–17, 2003.

ALMONDES, K. M. *et al.* Comparative Analysis of Psychology Responding to COVID-19 Pandemic in BRICS Nations. **Frontiers in Psychology,** v. 12, 2021. Disponível em: https://doi.org/10.3389/fpsyg.2021.567585.

ALVETTI, P. Ü.; VAZQUEZ, A. C. S.; SILVEIRA, L. M. O. B. Teleatendimento psicológico em universidade pública da saúde no enfrentamento da pandemia: da Gestão com Pessoas à Telepsicologia. **Revista Brasileira de Psicoterapia**, v. 23, n. 1, 2021.

ANDERSSON, Gerhard. Internet interventions: Past, present and future. Internet Interventions, v. 12, p. 181-188, 2018. ISSN 2214-7829. Disponível em: https://www.sciencedirect.com/science/article/pii/S2214782918300150. DOI: 10.1016/j.invent.2018.03.008.

ANTÚNEZ, A. E. A. A. A. *et al.* Análise fenômeno-estrutural de desenhos na psicoterapia online em situação de crise. Em Revista Nufen: **Phenomenology and interdisciplinarity**, v. 13, n. 2, SciELO Brasil, 2021.

ASSOCIAÇÃO BRASILEIRA DE PSIQUIATRIA. **Atendimentos psiquiátricos no Brasil sofrem impacto da pandemia de COVID-19.** Rio de Janeiro. APB. 2020. Disponível em: https://www.abp.org.br/post/atendimentos-psiquiatricos-no-brasil-sofrem-impacto-da--pandemia-de-covid-19.

BÉKÉS, V. *et al.* Psychotherapists' Challenges With Online Therapy During COVID-19: Concerns About Connectedness Predict Therapists' Negative View of Online Therapy and Its Perceived Efficacy Over Time. **Frontiers in Psychology**, v. 12, 2021. Disponível em: https://doi.org/10.3389/fpsyg.2021.705699.

BÉKÉS, V. *et al.* Stretching the Analytic Frame: Analytic Therapists' Experiences with Remote Therapy During COVID-19. **Journal of the American Psychoanalytic Association**, v. 68, n. 3, p. 437-446, 2020. Disponível em: https://doi.org/10.1177/0003065120939298.

BERGER, T. The therapeutic alliance in internet interventions: A narrative review and suggestions for future research. **Psychotherapy Research**, v. 27, n. 5, p. 511-524, 2017. Disponível em: https://doi.org/10.1080/10503307.2015.1119908.

BURGOYNE, N.; COHN, A. S. Lessons from the transition to relational teletherapy during COVID-19. **Family Process**, v. 59, n. 3, p. 974–988, 2020. doi:10.1111/famp.12589.

CAPOULADE, F.; PEREIRA, M. E. C. Desafios colocados para a clínica psicanalítica (e seu futuro) no contexto da pandemia de COVID-19. Reflexões a partir de uma experiência clínica. **Revista Latinoamericana de Psicopatologia Fundamental**, v. 23, p. 534-548, 2020.

CARVALHO, L. As práticas de atendimento psicológico prestados por meio de tecnologias de informação e comunicação durante a pandemia da COVID-19 no Brasil. **Psicologia-Florianópolis**, 2020.

CARVALHO, O. et al. A inclusão de alunos de medidas adicionais durante o período de confinamento COVID-19. **EduSer**, v. 13, n. 1, p. 1-22, 2021.

CASTANHO, P. et al. Grupo Reflexivo de Apoio à Permanência da Universidade de São Paulo (GRAPUSP): uma estratégia de cuidado aos estudantes e sua adaptação ao contexto online. In: NASCIMENTO, A. K. da C.; SEI, M. B. (Orgs.). **Intervenções psicológicas online: reflexões e retrato de ações**. Clínica Psicológica da UEL, p. 116-135, 2020.

CATUNDA, M. L. et al. Humanização no hospital: atuações da psicologia na COVID-19: humanization in the hospital: psychology performance in COVID-19. **Cadernos ESP**, v. 14, n. 1, p. 143-147, 2020.

CHI D, Zhang Y, Zhou D, Xu G, Bian G. The effectiveness and associated factors of online psychotherapy on COVID-19 related distress: A systematic review and meta-analysis. **Front Psychol.** 2022 Nov 9;13:1045400. doi: 10.3389/fpsyg.2022.1045400.

COMITÊ GESTOR DA INTERNET NO BRASIL. Pesquisa TIC Domicílios 2019: Principais resultados. **Cetic.br.** 2020. Disponível em: https://cetic.br/media/analises/tic_domicilios_2019_coletiva_imprensa.pdf.

CONSELHO FEDERAL DE PSICOLOGIA. Práticas e estágios remotos em psicologia no contexto da pandemia da COVID-19. **Site.CFP** 2020. Disponível em: https://site.cfp.org.br/wp-content/uploads/2020/08/Caderno-de-orientac%CC%A7o%CC%83es-formac%CC%A7a%CC%83o-e-esta%CC%81gios_FINAL2_com_ISBN_FC.pdf.

CONSELHO FEDERAL DE PSICOLOGIA (Brasil). **Resolução nº 11, de 11 de maio de 2018.** 2018. Disponível em: https://atosoficiais.com.br/cfp/resolucao-do-exercicio-profissional-n-11-2018-regulamenta-a-prestacao-de-servicos-psicologicos-realizados-por-meios-de-tecnologias-da-informacao-e-da-comunicacao-e-revoga-a-resolucao-cfp-no-11-2012?origin=instituicao&q=11/2018.

CONSELHO FEDERAL DE PSICOLOGIA (Brasil). **Resolução nº 4, de 26 de março de 2020.** 2020. Disponível em: https://atosoficiais.com.br/cfp/resolucao-do-exercicio-profissional-n-4-2020-dispoe-sobre-regulamentacao-de-servicos-psicologicos-prestados-por-meio-de-tecnologia-da-informacao-e-da-comunicacao-durante-a-pandemia-do-covid-19?origin=instituicao&q=004/2020.

COSENZA, T. R. S. B. *et al.* Desafios da Telepsicologia no contexto do atendimento psicoterapêutico online durante a pandemia de COVID-19. **Research, Society and Development,** v. 10, n. 4, e52210414482, 2021. https://doi.org/10.33448/rsd-v10i4.14482.

DORES, A. R. *et al.* The Use of New Digital Information and Communication Technologies in Psychological Counseling during the COVID-19 Pandemic. **International Journal of Environmental Research and Public Health,** v. 17, n. 20, p. 7663, 2020. https://doi.org/10.3390/ijerph17207663.

FERRACIOLI, N. G. M. *et al.* Potentialities and Barriers of Online Psychotherapy During the COVID-19 Pandemic: Scoping Review. **Psicologia: Teoria e Pesquisa,** v. 39, p. e39410, 2023.

FORTIM, I. Orientação profissional online: adaptações. In: SPACACHERQUE, M. E.; FORTIM, I. (Orgs.). **Orientação Profissional Passo a Passo** (3ª ed., p. 311-322). Paulus Editora, 2022.

FORTIM, I. *et al.* Caracterização do perfil e das queixas das pessoas que procuram atendimento online no contexto da pandemia: a experiência da Clínica Psicológica "Ana Maria Poppovic", do Janus – Laboratório de Psicologia e TICs e do Acolhimento da PROCRC, 2021. Relatório de pesquisa.

FORTIM, I.; COSENTINO, L. A. M. Serviço de orientação via e-mail: novas considerações. **Psicologia: Ciência e Profissão**, v. 27, p. 164-175, 2007.

FORTIM, I.; PERON, P. R.; CARDINALLI, I. E.; ID, K. E.; SANTOS, E. F.; FASANELLA NA; BATISTA, MA. Psychological Suffering during COVID-19 Pandemic-A Sample from a Brazilian University. **J Psychol Psychother,** Vol. 13 Iss.4 No:1000457, 2023.

GILBERTSON, J. Telemental Health: The Essential Guide to Providing Successful Online Therapy. (J. Gilbertson, Org.). **PESI Publishing & Media**, 2020.

GONTIJO, A. Â. C. *et al.* Plantão Psicológico Online em Tempos de Pandemia: Um Relato de Experiência. **Revista Unimontes Científica**, v. 22, n. 2, p. 1-15, 2020.

HALLBERG, S. C. M. *et al.* Systematic review of research investigating psychotherapy and information and communication technologies. **Trends in Psychiatry and Psychotherapy**, v. 37, p. 118-125, 2015.

HALLBERG, S. C. M.; LISBOA, C. S. M. Percepção e uso de tecnologias da informação e comunicação por psicoterapeutas. **Temas Em Psicologia**, v. 24, n. 4, p. 1297-1309, 2016. https://doi.org/10.9788/TP2016.4-06.

HARDY, N. R.; MAIER, C. A.; GREGSON, T. J. Couple teletherapy in the era of COVID-19: Experiences and recommendations. **Journal of Marital and Family Therapy**, v. 47, n. 2, p. 225–243, 2021. https://doi.org/10.1111/jmft.12501.

HÖFNER, C. *et al.* Telepsychotherapie als Chance und Herausforderung: Eine longitudinale Mixed-Methods Studie. **Psychotherapie Forum**, v. 25, n. 1-2, p. 37–43, 2021. https://doi.org/10.1007/s00729-021-00169-2.

IERARDI, E., BOTTINI, M. & RIVA CRUGNOLA, C. Effectiveness of an online versus face-to-face psychodynamic counselling intervention for university students before and during the COVID-19 period. **BMC Psychol** 10, 35 (2022). https://doi.org/10.1186/s40359-022-00742-7.

KOTERA, Y. et al. Qualitative Investigation into Therapists' Experiences of Online Therapy: Implications for Working Clients. International Journal of Environmental **Research and Public Health**, v. 18, n. 19, p. 10295, 2021. https://doi.org/10.3390/ijerph181910295.

LIN, T.; STONE, S. J.; ANDERSON, T. Treating from Afar: Mental Health Providers' Challenges and Concerns During the COVID-19 Pandemic. **Behavioral Medicine**, p. 1-4, 2021. https://doi.org/10.1080/08964289.2021.1908217.

MARQUES, L. G. et al. Psicoterapia Online: regulamentação e reflexo nas plataformas de atendimento. **Revista Psicologia Em Pesquisa**, v. 16, n. 3, p. 1-25, 2022.

MCBEATH, A. G. et al. The challenges and experiences of psychotherapists working remotely during the coronavirus* pandemic. **Counselling and Psychotherapy Research**, v. 20, n. 3, p. 394-405, 2020. https://doi.org/10.1002/capr.12326.

MESSINA, I.; LÖFFLER-STASTKA, H. Psychotherapists' perception of their clinical skills and in-session feelings in live therapy versus online therapy during the COVID-19 pandemic: a pilot study. Research in Psychotherapy: Psychopathology, Process and Outcome, v. 24, n. 1, 2021. https://doi.org/10.4081/ripppo.2021.514.

PAIVA, G. C. et al. Plantão Psicológico online: experiências e reflexões em tempos de COVID-19. In: NASCIMENTO, A. K. da C.; SEI, M. B. (Orgs.). **Intervenções psicológicas online: reflexões e retrato de ações** (p. 98-115). Clínica Psicológica da UEL, 2020.

PAYNE, L. *et al*. Business as usual? Psychological support at a distance. **Clinical Child Psychology and Psychiatry**, v. 25, n. 3, p. 672-686, 2020. https://doi.org/10.1177/1359104520937378.

PIERCE, B. S.; PERRIN, P. B.; McDONALD, S. D. Demographic, organizational, and clinical practice predictors of U.S. psychologists' use of telepsychology. **Professional Psychology: Research and Practice**, v. 51, n. 2, p. 184-193, 2020. https://doi.org/10.1037/pro0000267.

PIERCE, B. S. *et al*. The COVID-19 telepsychology revolution: A national study of pandemic-based changes in U.S. mental health care delivery. **American Psychologist**, v. 76, n. 1, p. 14-25, 2021. https://doi.org/10.1037/amp0000722.

PIETA, M. A. M.; GOMES, W. B. Psicoterapia pela Internet: viável ou inviável? **Psicologia: Ciência e Profissão**, v. 34, p. 18-31, 2014.

PINTO JÚNIOR, A. *et al*. Caracterização e Demanda de um Serviço de Atendimento Psicológico online no Contexto da Pandemia de COVID-19. **Psicologia e Saúde Em Debate**, v. 7, n. 1, p. 94-106, 2020. https://doi.org/10.22289/2446-922X.V7N1A7.

PRADO, O. Z.; MEYER, S. B. Avaliação da relação terapêutica na terapia assíncrona via internet. **Psicologia Em Estudo**, v. 11, p. 247-257, 2006.

RIVERA, T. Psicanálise antropofágica (identidade, gênero, arte). Porto Alegre: **Artes & Ecos**, 2020.

ROBERTSON, H. C. Telemental Health and Distance Counseling: A Counselor's Guide to Decisions, Resources, and Practice. **Springer Publishing Company**, 2020.

RODRIGUES, C. G.; de ARAÚJO TAVARES, M. Psicoterapia online: demanda crescente e sugestões para regulamentação. **Psicologia Em Estudo**, v. 21, n. 4, p. 735-744, 2016.

SILVA, M. O. *et al*. Avaliação e atendimento psicológico na pandemia COVID-19 no Brasil: uma revisão sistemática. **Research, Society and Development**, v. 10, n. 12, e338101220435, 2021. https://doi.org/10.33448/rsd-v10i12.20435.

SIMPSON, S. *et al*. Videotherapy and therapeutic alliance in the age of COVID-19. **Clinical Psychology & Psychotherapy**, v. 28, n. 2, p. 409-421, 2021. https://doi.org/10.1002/cpp.2521.

SOCIEDADE BRASILEIRA DE PSICOLOGIA. Tópico 5: Recomendações para o exercício profissional presencial e online da psicologia frente à pandemia de COVID-19. Disponível em: https://www.sbponline.org.br/arquivos/To%CC%81pico_5_Tudo_em_um_documento_s%C3%B3_atendimento_online_volunt%   C3%A1rio_presencial_e_hospitalar_durante_a_COVID-19.pdf.2020.

SOLA, P. P. B. *et al*. Psicologia em tempos de COVID-19: experiência de grupo terapêutico online. **Revista Da SPAGESP**, v. 22, n. 2, p. 73-88, 2021.

SOUZA, V. B.; SILVA, N. H. L. P.; MONTEIRO, M. F. **Psicoterapia online: manual para a prática clínica**. 1a ed. Curitiba: Ed. das Autoras. E-book. 2020.

STEFAN, R. *et al*. Remote Psychotherapy During the COVID-19 Pandemic. Experiences With the Transition and the Therapeutic Relationship. A Longitudinal Mixed-Methods Study. **Frontiers in Psychology**, v. 12, 2021. https://doi.org/10.3389/fpsyg.2021.743430.

TACHIBANA, M. *et al*. A clínica psicanalítica infantil na modalidade online: reflexões winnicottianas. **Rev. Bras. Psicoter**, p. 9-20, 2021.

TAKEDA, O. H. Como um serviço universitário reinventou o acolhimento e o enfrentamento do sofrimento psíquico: relato de prática. In: P. Amarante *et al*. (Orgs.), **O enfrentamento do sofrimento psíquico na Pandemia: diálogos sobre o acolhimento e a saúde mental em territórios vulnerabilizados**, p. 58-60, 2020.

RUFFO, L. **Ensaios para compreensão de uma prática psicológica em construção:** atendimento online [Universidade de São Paulo]. 2016. Disponível em: https://doi.org/10.11606/D.47.2016.tde-17082016-161759

SAMMONS, M. T. *et al.* Psychological practice and the COVID-19 crisis: A rapid response survey. **Journal of Health Service Psychology**, v. 46, n. 2, p. 51-57, 2020.

SAMPAIO, M. *et al.* Therapists Make the Switch to Telepsychology to Safely Continue Treating Their Patients During the COVID-19 Pandemic. Virtual Reality Telepsychology May Be Next. **Frontiers in Virtual Reality**, v. 1, 2021. https://doi.org/10.3389/frvir.2020.576421.

SCHMIDT, B. *et al.* Saúde mental e intervenções psicológicas diante da pandemia do novo coronavírus (COVID-19). **Estudos de Psicologia (Campinas)**, v. 37, 2020. https://doi.org/10.1590/1982-0275202037e200063.

SIEGMUND, G. *et al.* Aspectos éticos das intervenções psicológicas online no Brasil: situação atual e desafios. **Psicologia Em Estudo**, v. 20, n. 3, p. 437-447, 2015.

SIEGMUND, G.; LISBOA, C. Orientação psicológica online: percepção dos profissionais sobre a relação com os clientes. **Psicologia: Ciência e Profissão**, v. 35, p. 168-181, 2015.

SILVA, M. O. *et al.* A construção do vínculo no atendimento psicológico online de agentes de segurança pública e seus familiares no contexto pandêmico. **EmRede-Revista De Educação a Distância**, v. 8, n. 1, p. 1–18, 2021.

SILVA, S. S. *et al.* Atendimentos Psicoterapêuticos Online Durante a Pandemia de COVID-19 no Brasil. **Revista FSA**, v. 19, n. 7, p. 237–257, 2022. Disponível em: https://doi.org/10.12819/2022.19.7.12.

SILVA, K. C. L.; LIMA, M. E. G. A inserção de duas psicólogas residentes em tempos de COVID-19: the insert of two resident psychologists in COVID-19 era. **Cadernos ESP**, v. 14, n. 1, p. 95–99, 2020.

TORRES, M. C., ARTEIRO, D. R., RESENDE, G. C., FERREIRA, B. O. F., ARAUJO, W. F., AMORIM, P. T., SANTOS, A. A., LEITÃO, C. L. Potencialidades e Desafios do Atendimento Psicológico Online durante a Pandemia da COVID-19 na Perspectiva dos Profissionais. **Cadernos de Psicologia**, Ribeirão Preto, vol. 2, n° 2, p. 1-12 – Outubro/202.

VARKER, T. *et al*. Efficacy of synchronous telepsychology interventions for people with anxiety, depression, posttraumatic stress disorder, and adjustment disorder: A rapid evidence assessment. **Psychological Services**, v. 16, n. 4, p. 621-635, 2019. https://doi.org/10.1037/ser0000239.

VERZTMAN, J.; ROMÃO-DIAS, D. Catástrofe, luto e esperança: o trabalho psicanalítico na pandemia de COVID-19. **Revista Latinoamericana de Psicopatologia Fundamental**, v. 23, p. 269-290, 2020.

VIANA, D. M. Atendimento psicológico online no contexto da pandemia de COVID-19: online psychological care in the context of COVID's pandemic 19. **Cadernos ESP**, v. 14, n. 1, p. 74-79, 2020.

VIDAL, G. P.; CARDOSO, A. S. Dramatização online: Psicoterapia da relação e psicodrama interno no psicodrama contemporâneo. **Revista Brasileira de Psicodrama**, v. 28, n. 2, p. 131-141, 2020. DOI: 10.15329/2318-0498.20383.

VIVENZIO, Rafaella Andrade; AMORIM, Ana Elisa Reis; SOUSA, Johnatan Martins; FARINHA, Marciana Gonçalves. Grupo terapêutico *online*: dispositivo de cuidado para saúde mental de universitários em tempos de pandemia **Revista de Psicologia**, v. 13, n. 2, 2022, Universidade Federal de Uberlândia. ISSN 2179-1740, ISSN 0102-1222.

WORLD HEALTH ORGANIZATION. The impact of COVID-19 on mental, neurological and substance use services: results of a rapid assessment. **World Health Organization**, 2020. https://www.who.int/publications/i/item/978924012455.

Eficácia, Limites e Possibilidades das Terapias *Online* Síncronas

Thiago Francisco Peppe Del Poço

INTRODUÇÃO

A psicoterapia *online* via internet síncrona é uma modalidade de terapia em que o psicoterapeuta e o paciente interagem através de um meio de comunicação digital, como videochamadas, chamada por somente áudio ou mensagens de texto em tempo real.

Segundo Andrews *et al.* (2018) a psicoterapia eficaz, é baseada em evidências científicas. Isso significa que as abordagens terapêuticas utilizadas pelos profissionais de saúde mental foram testadas empiricamente e foram comprovadas por meio de estudos clínicos randomizados e pesquisas. Uma psicologia eficaz está enquadrada em uma psicologia científica, que é uma disciplina que utiliza métodos empíricos para estudar o comportamento humano e processos mentais. Através de pesquisas e estudos, os(as) psicólogos(as) científicos(as) procuram entender as causas dos problemas psicológicos e desenvolver intervenções eficazes para auxiliar as pessoas a lidar com essas questões.

A psicologia científica é essencial na avaliação da eficácia da psicoterapia. Um trabalho para orientar o atendimento *online*, da Associação Americana de Psicologia feito por Joint Task Force for the Development of Telepsychology Guidelines for Psychologists (2013), mostra que pesquisadores utilizam métodos científicos para mensurar os resultados da terapia e determinar a sua eficácia em comparação com outras formas de tratamento ou ainda com nenhuma intervenção. A psicologia científica e a psicoterapia eficaz, incluindo a de modalidade remota, trabalham em conjunto para promover melhorias de vida dos indivíduos que sofrem de problemas psicológicos. Segundo Hofmann *et al.* (2012), eficácia do tratamento psicológico se relaciona com a habilidade de uma intervenção ou tratamento em alcançar os resultados esperados em circunstâncias ideais e meticulosamente controladas em pesquisas científicas.

A literatura que foi baseado esse capítulo majoritariamente foram de artigos internacionais, visto que no Brasil não há literatura sobre Eficácia em Terapias *Online* publicadas até o momento.

Varket *et al.* (2018) apresentam uma revisão rápida das evidências sobre a eficácia da psicoterapia *online* síncrona (realizada em tempo real) no tratamento de transtornos de ansiedade, depressão, transtorno de estresse pós-traumático e transtorno de adaptação. Os autores revisaram estudos que compararam a eficácia do atendimento *online* síncrono com o tratamento presencial ou com um grupo controle. Eles concluíram que a terapia *online* síncrona pode ser eficaz para tratar esses transtornos e pode ser uma opção útil para pessoas que enfrentam barreiras para o tratamento presencial, como problemas de mobilidade ou acesso limitado aos serviços de saúde mental.

Outros autores também pesquisaram a eficácia das terapias *online*, como Zainudin e Yusop (2018); Berryhill *et al.* (2019b). Esses pesquisadores apontam que a satisfação do paciente, ou seja, o quanto ele sente bem em relação à modalidade, há maior satisfação na modalidade *online* do que a presencial. Os serviços de Terapia *Online* recebem maiores pontuações de satisfação quando comparados à terapia presencial.

A terapia *online* pode ser mais adequada e acessível para algumas pessoas, permitindo que elas tenham acesso aos serviços de um psicoterapeuta a partir de qualquer lugar, sem precisar se deslocar fisicamente até um consultório (Berryhill *et al.*, 2019b).

Diferentes tipos de transtornos mentais podem ser tratados por meio de psicoterapia *online*, incluindo ansiedade, depressão, transtorno obsessivo-compulsivo, transtornos alimentares, transtornos de estresse pós-traumático, entre outros. Como apresentado acima, estudos têm mostrado que a psicoterapia *online* é um método eficaz. A seguir são apresentados transtornos mentais com sua definição e eficácia comprovada ao utilizar a modalidade da psicoterapia *online*.

PSICOPATOLOGIAS E EFICÁCIA DAS TERAPIAS ONLINE SÍNCRONAS

A eficácia da terapia *online* síncrona pode depender do tipo de transtorno mental e dos fatores genéticos e ambientais do paciente. Por exemplo, para pacientes com transtornos graves, como esquizofrenia ou transtornos que possuam como sintomas graves de ideação suicida, a terapia presencial pode ser mais indicada. Além disso, alguns pacientes podem ter dificuldades em se adaptar às tecnologias de informação e comunicação *online*, em especial aqueles de gerações mais antigas, o que pode interferir na eficácia da terapia. As questões psicológicas em que há eficácia comprovada para a utilização das terapias *online* são: depressão, transtornos de ansiedade incluindo o transtorno do estresse pós-traumático, crises.

A depressão é caracterizada como um transtorno do humor que atinge a capacidade do indivíduo de sentir prazer e interesse na vida cotidiana.

(DSM-V, 2013). Lattie *et al.* (2016) em sua meta-análise de transtornos mentais e eficácia de terapia *online* mostram evidências que a Terapia *Online* é tão eficaz quanto a terapia presencial e há redução dos sintomas da depressão como humor deprimido, perda de prazer, mudanças no apetite e peso, fadiga, sentimento de culpa demasiada e pensamentos sobre morte. Esses autores ainda discutem que como a depressão é tão prevalente em todo o mundo e muitos não tem acesso a esses cuidados, seria adequado para os profissionais de saúde mental considerarem terapia *online* como modalidade de expansão de acesso e especialmente em, mas não só, áreas rurais e de difícil alcance. Um aumento do acesso ao tratamento para depressão através do uso de Terapia *Online* Síncrona tem o potencial para reduzir o impacto da depressão nas vidas, relacionamentos e carreiras de indivíduos. Dados encontrados por Lattie *et al.* (2016) revelam que as intervenções via Terapia *Online* não mostram resultados adversos, o uso de modalidades de Terapia *Online* Síncronas para depressão tem o potencial para um grande impacto na saúde pública. Há reduções estatisticamente significativas nos sintomas depressivos com Terapia *Online* Síncrona por videoconferência. Mais especificamente, intervenções baseadas em evidências científicas (Terapia Cognitivo Comportamental; Ativação Comportamental) mostram redução dos sintomas de depressão. No entanto, é importante notar que estas são descobertas preliminares. É necessário mais trabalho antes da eficácia e efetividade das intervenções da terapia *online* estarem totalmente estabelecidas. Em particular, será importante identificar os tipos de intervenções terapêuticas que são mais adequadas para terapia *online* e as populações e *settings* para as quais são mais eficazes.

Os Transtornos de Ansiedade são um grupo de transtornos mentais marcados por sentimentos intensos de ansiedade e medo excessivos. A ansiedade é uma resposta biológica e saudável do corpo ao estresse, mas em pessoas com transtornos de ansiedade, essa resposta é exagerada e desproporcional. Os sintomas podem conter preocupação em excesso, medo, irritação, inquietação, dificuldade para se concentrar, insônia, palpitações, sudorese, tremores e tensão muscular (DSM-V, 2013). Estudos de Lattie *et al.* (2016) medem a eficácia da terapia *online* para transtornos de ansiedade em comparação com a terapia presencial. Como resultado foi descoberto que não havia diferença significativa na eficácia da terapia *online* e da terapia presencial para o tratamento de transtornos de ansiedade. Na revisão sistemática desses autores, outros estudos também mostram que a terapia *online* síncrona pode ser tão eficaz quanto a terapia presencial no tratamento de transtornos de ansiedade, incluindo transtorno de ansiedade generalizada (TAG), transtorno do pânico, transtorno de estresse pós-traumático (TEPT) e transtorno obsessivo compulsivo (TOC).

Enquanto as descobertas são apresentadas com cautela, o tratamento oferecido via terapia *online* por videoconferência tem sido demonstrado eficaz em todas as populações (crianças, adultos e idosos), geografias (rural e urbana) e vários ambientes (casa, serviços de atenção primária à saúde, clínicas). Ao examinar se terapia *online* foi mais efetiva em comparação com a psicoterapia presencial, não houve diferenças apontadas.

Um dos Transtornos de Ansiedade é o Transtorno do Estresse Pós-traumático (TEPT) que é definido como transtorno psiquiátrico que pode se desenvolver após a pessoa experenciar ou testemunhar um evento traumático que pode envolver morte, ameaça de morte ou lesão grave. O TEPT pode se desenvolver em qualquer idade, incluindo na infância, e pode ocorrer em resposta a uma variedade de experiências traumáticas, como abuso físico ou sexual, guerra, violência, acidentes de carro ou desastres naturais. Segundo o DSM-V (2013), é descrito por sintomas como pesadelos, *flashbacks* e memórias intrusivas relacionados ao trauma, evitação de situações ou eventos que possam evocar lembranças do trauma, hipervigilância, sensação de estar em perigo constante, sentimento de culpa ou vergonha, entre outros. Há estudos que comparam terapia presencial com *online* para tratamento de pessoas com TEPT. Vários estudos têm demonstrado a eficácia da psicoterapia *online* no tratamento do TEPT, em comparação com a terapia presencial. Outros estudos demonstraram a eficácia da terapia *online* em pacientes que tiveram dificuldades em ter acesso à terapia presencial, como veteranos de guerra e pessoas que moram em áreas remotas, e foi descoberto que a terapia *online* foi benéfica para esses pacientes. Turgoose *et al*. (2018) sugerem que a terapia *online* pode ser uma forma eficaz de fornecer tratamento para indivíduos com TEPT. No entanto, é importante notar que a eficácia da terapia *online* para veteranos com TEPT pode variar de pessoa para pessoa e depende de muitos fatores, incluindo a gravidade dos sintomas, a adesão ao tratamento e a qualidade da terapia prestada.

Para as crises também há eficácia comprovada. Lattie *et al.* (2016) explicam que crises são definidas por momento de forte sofrimento e desequilíbrio emocional, caracterizadas por mudanças nos pensamentos, emoções e comportamento da pessoa e podem ser causadas por contextos internos ou externos ao organismo.

A expressão "crise" geralmente se refere a eventos negativos da vida, como aquelas denominadas emergências: desastres causados por causas naturais (terremotos, erupções vulcânicas, secas, inundações, tornados, furacões etc.); desastres tecnológicos como incêndios, vazamentos tóxicos e explosões; e até situações causadas diretamente pelo homem, tais como conflitos armados, ataques, sequestros, violência urbana, tráfico de drogas. Todos eles representam ameaças à integridade física das pessoas e a sua saúde emocional. Há um aspecto deste tipo de crise que é inerente ao indivíduo em causa, tais como perdas (ou o risco de perda), mudanças em um relacionamento, ser diagnosticado com uma doença terminal, ideações suicidas etc. Intervenções *online* podem fornecer resultados imediatos e eficazes e acesso de baixo custo a tratamentos que não se limitam a horário comercial, o que é extremamente importante porque as crises não escolhem hora ou lugar. Na ausência de métodos convencionais e bem aceitos, abordagens baseadas em tecnologia podem ser capazes de fornecer soluções para reduzir o sofrimento das pessoas. Algumas crises podem demandar atendimento mais imediato, como as que envolvem risco de vida, violência ou surtos psicóticos. Para situações assim, a psicoterapia *online* pode não ser suficiente ou adequada, sendo necessário o encaminhamento para serviços de emergência ou de saúde mental presenciais. Em contrapartida, Ward-Ciesielski (2019) descreve em seu estudo que pacientes têm uma percepção positiva do uso da telemedicina para psicoterapia e que essa modalidade pode ser uma opção segura e eficaz para o tratamento de pacientes em risco de suicídio. Vale a pena destacar mais uma vez que as intervenções *online* não se destinam substituir o tratamento presencial, mas oferecer alternativas que são adaptadas às diferentes necessidades humanas, trabalhando tanto como estratégias e abordagem complementar.

    Pacientes com risco de suicídio são aqueles que apresentam pensamentos, intenções ou comportamentos suicidas. Eles são considerados uma emergência médica e devem receber tratamento imediato. Para a psicologia, pacientes com risco de suicídio são aqueles que apresentam um conjunto de fatores de risco, como histórico de tentativas de suicídio, presença de transtornos mentais, uso de substâncias psicoativas, estresse psicológico agudo, eventos estressantes da vida, entre outros. Além disso, a psicologia também enfatiza a importância da avaliação do nível de risco de suicídio do paciente, identificando sinais de alerta e intervindo para prevenir o comportamento suicida. A psicoterapia *online* síncrona foi utilizada para esses pacientes, especialmente durante a pandemia de COVID-19 que, nesse contexto, com a resolução nº 11/2018, o Conselho Federal de Psicologia liberou atendimentos emergenciais para as terapias *Online*. Alguns estudos têm investigado a eficácia desse tipo de psicoterapia, com alguns resultados promissores. Há um estudo comparativo realizado por Zhou *et al.* (2020), em que os dados sugerem que a terapia *online* síncrona pode ser tão eficaz quanto a terapia presencial para pacientes com risco de suicídio. Os resultados indicaram que não houve diferença significativa na eficácia entre as duas modalidades de terapia em termos de redução do risco de suicídio e melhora dos sintomas depressivos e ansiosos. Lembrando que ainda existem poucos estudos com essa temática, então é cedo para afirmar com toda certeza a eficácia da utilização da terapia *online* para pacientes com risco de suicídio. É importante ressaltar que a terapia *online* síncrona pode não ser adequada para todos os pacientes com risco de suicídio, especialmente para aqueles com risco alto ou iminente. Nesses casos, a intervenção presencial pode ser mais indicada. Para casos assim, os terapeutas devem estar treinados para lidar com situações de crise e emergência no formato *online*.

VÍNCULO TERAPÊUTICO

O vínculo terapêutico é um elemento fundamental em qualquer psicoterapia, independentemente da modalidade e abordagem, refere-se à relação estabelecida entre o psicoterapeuta e o paciente. É por meio do vínculo terapêutico que a confiança e a segurança são estabelecidas, permitindo que o paciente se abra e se engaje no processo terapêutico. A relação entre o terapeuta e o cliente é baseada na comunicação verbal e não verbal, bem como em outras habilidades de comunicação. Em relação às psicoterapias *online* síncronas, estudos têm demonstrado que o vínculo terapêutico pode ser estabelecido e mantido de forma eficaz, apesar da distância física entre o terapeuta e o paciente. Rettger *et al.* (2017) comparam o vínculo terapêutico em psicoterapia presencial e *online* com pacientes diagnosticados com transtorno de ansiedade. Os resultados indicam que não houve diferenças significativas na qualidade do vínculo terapêutico entre as duas modalidades de atendimento. Cook, Doyle e Working Alliance Study Group (2019), observam que a terapia *online* pode ser uma alternativa viável para a terapia presencial em termos de qualidade do vínculo terapêutico.

Para que o vínculo terapêutico seja eficaz nas psicoterapias *online* síncronas, é preciso que algumas condições sejam atendidas. Por exemplo, é importante que a tecnologia utilizada seja confiável e de alta qualidade, para que não ocorram interrupções na comunicação. Também é necessário que o terapeuta deva adaptar suas habilidades de comunicação, linguagem verbal e não verbal para se adequar ao ambiente *online*, garantindo que a interação seja clara e compreensível. Também é importante que o terapeuta cuide para estabelecer um ambiente acolhedor e seguro, criando um espaço virtual que possa ser confortável e privado para o cliente garantindo o sigilo das informações que são trocadas durante as sessões de psicoterapia. Os pacientes são mais ativos do que nas terapias presenciais, se sentem mais confiantes e menos intimidados. O vínculo terapêutico é fundamental para o sucesso de qualquer psicoterapia, incluindo as psicoterapias remotas. O estudo sugere que a qualidade do vínculo terapêutico é um fator importante para a eficácia da terapia *online*, e que os terapeutas devem prestar atenção à qualidade do vínculo terapêutico para garantir o sucesso do tratamento. Békés *et al.* (2021) dizem que a qualidade do vínculo terapêutico é um fator importante para a eficácia da terapia *online*, e que os terapeutas devem prestar atenção à qualidade do vínculo terapêutico para garantir o sucesso do tratamento. Embora o ambiente virtual possa oferecer alguns desafios, é possível estabelecer e manter uma relação terapêutica eficaz por meio da tecnologia adequada, habilidades de comunicação e particularidades da abordagem adaptadas além da criação de um ambiente acolhedor e seguro. É importante lembrar que cada paciente e terapeuta são únicos e podem ter experiências diferentes em relação ao vínculo terapêutico nas sessões *online*.

Como visto até agora, novos estudos têm mostrado que as psicoterapias *online* podem ser tão eficazes quanto as sessões presenciais em um consultório, a qualidade do atendimento via internet tem se mostrado equivalente a intervenções presenciais, especialmente para transtornos de saúde mental como depressão, transtorno de estresse pós-traumático (TEPT), compulsão alimentar e transtorno obsessivo-compulsivo (TOC) como apontado respectivamente pelos autores Varker *et al.* (2018); Spek *et al.* (2007) e Tregarthen *et al.* (2017). Todavia, Rathenau *et al.* (2012), analisou os comportamentos de terapeutas durante a pandemia e discute possíveis dificuldades encontradas para serem superadas pós pandemia e assim, melhorar a qualidade da terapia *online*. Durante a pandemia, o apoio psicológico tornou-se ainda mais necessário, mas muitos psicoterapeutas tiveram que se adaptar à terapia *online*, pois não tinham experiência ou treinamento adequado. Os psicoterapeutas tiveram dificuldade com a presença terapêutica, que é a atenção focada do terapeuta para o paciente, mostrando acolhimento, empatia, posição não julgadora. Ocorreram dificuldades na presença terapêutica porque os terapeutas em momentos das sessões se distraiam na terapia "tela a tela". A presença terapêutica afeta diretamente o vínculo terapêutico que é a relação fundamental envolvendo respeito, confiança e empatia para que o processo terapêutico ocorra. Sendo assim, o psicoterapeuta deve estar sempre atento as distrações ao redor, certificar-se de ficar somente com o aplicativo de videoconferência aberto, desligar notificações, ajustar bem o equipamento. Para o vídeo, regular bem o brilho e contraste da tela, para o som, de preferência usar fones de ouvido para a imersão ser maior nas sessões.

POSSIBILIDADES E VANTAGENS DAS TERAPIAS *ONLINE* SÍNCRONAS

Existem várias vantagens das psicoterapias *online* síncronas, de acordo com dados acadêmicos. Algumas das principais vantagens incluem:

Vínculo Terapêutico: Pelo fato de a terapia não ser presencial pode ser aumentado comportamentos de auto revelação e honestidade. Algumas pessoas se sentem menos tímidas e ansiosas *online*, podendo aumentar a velocidade de uma relação mais íntima, do que na terapia presencial. (Kang *et al.*, 2019; Simpson e Morrow, 2018).

Avanço da Tecnologia: As dificuldades técnicas de equipamentos ainda existem, porém estão diminuindo cada vez mais, segundo Sucala *et al.* (2019), incluindo alguns softwares que reforçam a privacidade, roubos de identidade, e que melhoram a segurança no pagamento.

Acesso: Segundo Amichai-hamburger *et al.* (2014) e Berryhill *et al.* (2019a), as psicoterapias *online* síncronas tornam mais fácil para as pessoas acessarem os serviços de saúde mental. As pessoas podem se conectar com um psicoterapeuta de qualquer lugar e com qualquer dispositivo com acesso à internet, o que é especialmente importante para aquelas que vivem em áreas rurais, remotas ou de difícil acesso.

Conforto: Como apontado por Campbell e Norcross (2018), muitas pessoas acham as psicoterapias *online* síncronas mais confortáveis do que as terapias presenciais. Elas podem se sentir mais à vontade para falar sobre assuntos pessoais e delicados de sua própria casa ou local de trabalho, evitando deslocamentos e desconfortos de deslocamento físico, em especial nos grandes centros urbanos.

Flexibilidade: Os autores Berryhill *et al.* (2019a) mostram em seu estudo que as psicoterapias *online* síncronas oferecem maior flexibilidade em relação aos horários e dias de atendimento, assim como podem ser adaptadas a diversos fusos horários. Isso torna mais fácil para as pessoas agendarem sessões que se encaixem em suas agendas.

Estigma: Segundo Stiles-Shields *et al.* (2018); McElroy *et al.* (2021), algumas pessoas sentem vergonha de procurar psicoterapia, têm medo de julgamento como, por exemplo, pessoas "fracas" ou "incapazes" de lidar com seus próprios problemas sozinhas. Na terapia *online* esse estigma é reduzido, pois o paciente tem maior discrição de fazer suas sessões e mais tranquilidade e não precisa dar satisfação aos outros de onde está indo, não precisa passar por qualquer tipo de angústia ao ver um(a) recepcionista em clínica e ainda passar por algumas pessoas em sala de espera. Ainda como benefício adicional, pode desmistificar esse estigma e favorecer a procura de um atendimento presencial caso seja necessário.

Campo de atuação: Para o terapeuta, seu campo de atuação aumenta consideravelmente comparando com a terapia presencial, pois pode ir além de seu bairro e bairros vizinhos, podendo até atender expatriados em outros países como apontam Mohr *et al.* (2018).

Redução de custos: As psicoterapias *online* síncronas são geralmente menos caras do que as terapias presenciais, segundo Maheu *et al.* (2016), pois não há custos adicionais de transporte ou acomodação para os clientes, nem gastos extras de estrutura e manutenção de um consultório para os terapeutas.

Evidências de eficácia: Berryhill *et al.* (2019a) demonstram que as psicoterapias *online* síncronas são tão eficazes quanto as terapias presenciais, especialmente para transtornos de ansiedade e depressão. Alguns estudos até mostram que as psicoterapias *online* síncronas podem ter uma taxa de adesão mais alta do que as terapias presenciais, pois os clientes se sentem mais confortáveis e comprometidos em continuar o tratamento.

Acessibilidade para grupos específicos: as psicoterapias *online* síncronas são particularmente úteis para grupos específicos, como pessoas com deficiência física, mobilidade reduzida, indivíduos com agorafobia, prisioneiros, hospitalizados que são pessoas com impossibilidade ou dificuldade em acessar serviços de saúde mental presenciais como apontado por Lattie *et al.*, (2016).

Privacidade: As psicoterapias *online* síncronas oferecem privacidade e confidencialidade, pois os clientes podem se conectar com seus terapeutas a partir de um local privado e protegido, como a própria casa ou um local seguro de sua escolha. De acordo com um estudo publicado na revista Psychotherapy (Sobreperez *et al.*, 2017), pacientes/clientes que fizeram terapia *online* relataram sentir-se mais confortáveis e seguros em relação à privacidade e confidencialidade de suas informações pessoais.

Em geral, as psicoterapias *online* síncronas têm várias vantagens, incluindo acessibilidade, conforto, flexibilidade, redução de custos e evidências de eficácia, tornando-se uma opção cada vez mais popular e eficaz para o tratamento de transtornos emocionais e mentais.

LIMITAÇÕES E CUIDADOS DAS TERAPIAS ONLINE SÍNCRONAS

Existem algumas limitações da psicoterapia *online* síncrona que foram identificadas em estudos científicos. Algumas delas são:

Falta de comunicação não verbal completa: As pessoas enviam sinais não verbais, como expressões faciais, gestos e postura corporal, que podem ser difíceis de interpretar em um ambiente *online*. (Toopoco et al., 2017).

Falta de conexão interpessoal: Erbe *et al.* (2017) discutem que algumas pessoas podem achar difícil estabelecer uma conexão pessoal com seu terapeuta em um ambiente *online*, o que pode afetar a qualidade da relação terapêutica.

Dificuldades técnicas: Problemas técnicos, como falhas na conexão de internet, podem interromper a sessão e afetar a qualidade da experiência terapêutica. (Toopoco *et al.*, 2017; Berryhill *et al.*, 2019a).

Falta de privacidade: Alguns pacientes podem não ter acesso a um ambiente privado e seguro para realizar a sessão terapêutica, o que pode prejudicar sua capacidade de se abrir e discutir questões pessoais. (Berryhill *et al.*, 2019b).

Limitações na avaliação de riscos: Em alguns casos, é difícil avaliar os riscos e necessidades do paciente em um ambiente *online*, especialmente se houver uma crise de saúde mental. (Mishkind *et al.*, 2020).

Aliança terapêutica em grupo remoto: Pesquisas apontam como resultado baixo índice de vínculo terapêutico entre os pacientes e terapeuta nessa modalidade. (Berman e Weitzman, 2019)

Alfabetização tecnológica: É necessário que tanto o terapeuta quanto o paciente tenham as habilidades mínimas requeridas para usar os dispositivos tecnológicos de forma satisfatória para serem feitas as sessões *online* como apontam Evans (2018) e Berryhill *et al.* (2019a). Exemplo: o terapeuta deve ter domínio sobre a tecnologia que usa para conseguir identificar problemas como distorção de voz e imagem; conexões de rede para resolvê-los quando necessário.

Nível de conexão: A qualidade da conexão *online* pode influenciar a eficácia da terapia, especialmente em situações de crise. Se a conexão não for boa, a terapia pode ser interrompida, o que pode ser prejudicial para o progresso terapêutico como apontado por Evans (2018). No entanto, se a conexão for boa e a terapia síncrona *online* for bem estruturada, pode ser uma opção valiosa para ajudar pessoas em crise a encontrar um espaço seguro para expressar e lidar com suas emoções.

Suporte técnico: A eficácia das terapias *online* síncronas também pode depender do nível de suporte técnico oferecido. Se houver problemas com a tecnologia, é importante que tanto terapeuta quanto paciente possam contar com assistência para garantir que a terapia possa prosseguir sem interrupções. (Backhaus *et al.*, 2012).

Segurança de Dados: Conforme descrito por Evans (2018); Berryhill *et al.* (2019b); Hassouneh e Alzoubi (2019); a segurança de dados é um cuidado necessário quando se trata de terapia *online*. Os psicoterapeutas devem garantir que as plataformas de videoconferência e outras tecnologias utilizadas sejam seguras e criptografadas de ponta a ponta para proteger a privacidade do paciente. Além disso, é importante que os terapeutas tomem providências para garantir que sua conexão à internet seja segura e que seu dispositivo esteja protegido por autenticação de dois fatores, senha, PIN e/ou biometria. Os pacientes precisam ser educados sobre as precauções de segurança necessárias para garantir a privacidade durante o atendimento. Também é importante o entendimento de aplicativos que utilizam uma camada a mais de segurança, o protocolo de segurança HIPAA — promulgado em 1996 nos EUA — tem como propósito principal resguardar a privacidade e segurança das informações médicas dos pacientes. Ele estabelece diretrizes rigorosas para a coleta, armazenamento, uso e compartilhamento de PHI (Protected Health Information – dados sensíveis médicos e pessoais de um paciente que podem ser usados para identificação), sendo aplicável a profissionais de saúde, seguradoras, prestadores de serviços médicos e empresas de tecnologia que lidam com esses dados (Theodos; Sittig, 2020). O principal objetivo do HIPAA é equilibrar a proteção das informações médicas pessoais com a necessidade de compartilhar informações para cuidados de saúde adequados. No Brasil não existe um protocolo equivalente ao HIPAA, mas temos a Lei Geral de Proteção de Dados (LGPD), como mencionada anteriormente.

Campbell e Norcross (2018) sugerem que os(as) psicólogos(as) devam avaliar cautelosamente a plataforma que escolherem utilizar para o atendimento *online* e levar em consideração a segurança dos dados dos pacientes e a privacidade da plataforma que deva ser capaz de oferecer um ambiente terapêutico adequado e de manter a confidencialidade das informações compartilhadas durante a sessão. A prática do psicoterapeuta deve estar alinhada com as leis e regulamentações locais, como normativas dos Conselhos de Psicologia e com a Lei Geral de Proteção de Dados (LGPD).

Distratores: Um desafio a mais das terapias *online* síncronas pode ser o potencial de estímulos distratores. Se a pessoa estiver em um lugar com barulho, pessoas, de alguma forma estressante, pode ser trabalhoso se concentrar na sessão de terapia e, por consequência, o processo terapêutico ser dificultado. Outra questão importante, é o paciente estar concentrado apenas na plataforma de videochamada para a sessão de terapia e não estar utilizando outros *apps* ao mesmo tempo. Segundo Topooco (2017), o terapeuta pode precisar ajudar a pessoa a encontrar maneiras de minimizar as distrações e criar um ambiente seguro e propício para o trabalho terapêutico.

Preferência pela Presencialidade: Segundo Campbell e Norcross (2018), alguns pacientes preferem o atendimento tradicional presencial pelos seguintes motivos: terem a sensação de estar em um ambiente seguro e privado para falar sobre questões sensíveis; podem estar preocupados com a privacidade de suas informações pessoais e de saúde durante o atendimento *online*; podem ter dificuldades em se comunicar efetivamente por meio de videochamadas ou outras ferramentas *online*.

CONSIDERAÇÕES FINAIS

Com base na literatura científica atual, pode-se concluir que as psicoterapias *online* têm vantagens significativas em relação às terapias presenciais, como a conveniência, a acessibilidade e a flexibilidade. Além disso, a terapia *online* pode reduzir o estigma associado à busca de ajuda psicológica, permitir maior anonimato e aumentar a disponibilidade de terapeutas especializados.

Todavia, as terapias *online* também possuem algumas limitações, como a falta de contato interpessoal, a possibilidade de acontecer falhas técnicas que podem afetar a qualidade da sessão, a necessidade de habilidades tecnológicas de terapeutas/pacientes.

Quanto à eficácia, estudos sugerem que a terapia *online* pode ser tão eficaz quanto a terapia presencial para uma variedade de transtornos mentais, como, por exemplo, depressão, ansiedade, transtornos de estresse pós-traumático, entre outros. Entretanto, é importante considerar que nem todas as pessoas podem se beneficiar da terapia *online* e que a escolha entre terapia *online* e presencial deve ser individualizada.

Em linhas gerais, a terapia *online* apresenta vantagens e limitações que devem ser consideradas antes de escolher este formato de tratamento, porém a evidência atual sugere que a terapia *online* é uma opção eficaz para muitas pessoas que precisam de ajuda psicológica.

É importante ter em mente que a eficácia das terapias *online* pode variar de acordo com diversos fatores, incluindo a cultura, a linguagem, a infraestrutura tecnológica e a disponibilidade de profissionais treinados. Portanto, é necessário ter cautela ao extrapolar dados de estudos realizados em outros países para a realidade brasileira. Entretanto, pesquisas internacionais podem oferecer clareza sobre o assunto e servir como ponto de partida para investigações futuras.

No Brasil, já existem alguns estudos e iniciativas que buscam avaliar a eficácia das terapias *online*, mas ainda há muito a ser feito nessa área. É importante que os profissionais da saúde mental e pesquisadores brasileiros continuem a explorar essa questão para entender melhor como a terapia *online* pode ser utilizada para melhorar a saúde mental das pessoas no país.

EXERCÍCIOS DE FIXAÇÃO

- Em quais psicopatologias a eficácia da terapia *online* é comprovada? Como os estudos descrevem a eficácia em cada transtorno psiquiátrico?

- Quais são as vantagens e limitações para a utilização das terapias *online*?

REFERÊNCIAS

AMICHAI-HAMBURGER, Y., KLOMEK, A. B., FRIEDMAN, D., ZUCKERMAN, O.; SHANI-SHERMAN, T. The future of online therapy. **Computers in Human Behavior**, 41, 288-294. 2014. https://doi.org/10.1016/j.chb.2014.09.016

BACKHAUS, A., AGHA, Z., MAGLIONE, M. L., REPP, A., ROSS, B., ZUEST, D., ... THORP, S. R. Videoconferencing psychotherapy: A systematic review. **Psychological Services**, 9(2), 111-131. 2012. DOI: 10.1037/a0027924.

BÉKÉS, V., AUSINAS, R., TÓTH-KIRÁLY, I.; BORKOVEC, T. D. The role of the working alliance and the bond in online psychotherapy during the COVID-19 pandemic. **Journal of Clinical Psychology**, 77(6), 1294-1307. 2021. DOI: 10.1002/jclp.23122.

BERMAN, M. I.; WEITZMAN, L. M. Group psychotherapy online: Review and recommendations for practice. **Current Psychiatry Reports**, 21(11), 111. 2019

BERRYHILL, M. B., HALLI-TIERNEY, A., CULMER, N., WILLIAMS, N., BETANCOURT, A., KING, M.; RUGGLES, H. Videoconferencing psychological therapy and anxiety: A systematic review. **Family Practice**, 36(1), 53–63. 2018. https://doi.org/10.1093/fampra/cmy072

CAMPBELL, L. F.; NORCROSS, J. C. Do you see what we see? Psychology's response to technology in mental health. **Clinical Psychology: Science and Practice**, 25(2), e12237. 2018. https://doi.org/10.1111/cpsp.12237

COOK, J. E., DOYLE, C., WORKING ALLIANCE STUDY GROUP. Working alliance in online therapy as compared to face-to-face therapy: preliminary results. **Cyberpsychology, Behavior, and Social Networking**, 22(5), 342-346. 2019. DOI: 10.1089/cyber.2018.0601.

COOK, J. E.; DOYLE, C. Working alliance in online therapy as compared to face-to-face therapy: Preliminary results. **CyberPsychology & Behavior**, v. 5, n. 2, p. 95-105, 2002.

ERBE, D., EICHERT, H. C., RIPER, H.; EBERT, D. D. Blending face-to-face and Internet-based interventions for the treatment of mental disorders in adults: Systematic review. **Journal of Medical Internet Research**, 19(9), e306. 2017.

EVANS, D. J. Some guidelines for telepsychology in South Africa. South African Journal of Psychology, 48(2), 166-170. 2018. https://doi.org/10.1177/0081246318757943.

HASSOUNEH, N. A.; ALZOUBI, A. F. The Impact of Modern Technology on Providing Counseling Services in the Light of Some Variables. **Journal of education and learning**, 8(2), 132. 2019. https://doi.org/10.5539/jel.v8n2p132

HOFMANN, S. G.; ASNAANI, Anu; VONK, Imke J. J.; *et al*. The Efficacy of Cognitive Behavioral Therapy: A Review of Meta-analyses. **Cognitive Therapy and Research**, v. 36, n. 5, p. 427–440, 2012.

MAHEU, M. M. *et al*. The Practice of TeleMental Health: Ethical, Legal, and Clinical Issues for Practitioners. Washington, DC: **American Psychological Association**, 2016.

MCELROY, E., SHEEHAN, L., & DOOLEY, B. Therapists' and Patients' Perceptions of Online Therapy Compared to Face-to-Face Therapy: A Systematic Review. **Journal of Psychotherapy Integration**, 31(3), 635-653. 2021 Disponível em: https://doi.org/10.1037/int0000267. Acesso em: 10 maio 2023.

MISHKIND, M. C. *et al*. Review of technology-assisted assessment and treatment for depression and anxiety. **Current Psychiatry Reports**, 22(8), 43. 2020 DOI: 10.1007/s11920-020-01176-9.

MOHR, D. C. *et al*. Comparison of the Acceptability and Quality of Internet-Based Cognitive Behavioural Therapy With Face-to-Face Cognitive Behavioural Therapy for Depression: A Systematic Review and Meta-Analysis. **The Lancet Psychiatry**, 5(11), 851-858. 2018.

RATHENAU, S.; SOUSA, D.; VAZ, A; *et al*. The effect of attitudes toward online therapy and the difficulties perceived in online therapeutic presence. **Journal of Psychotherapy Integration**, v. 32, n. 1, p. 19-33, 2022.

SIMPSON, S. G.; MORROW, E. Online counselling services for problem gambling: perceptions of purpose, process, and outcome. **Journal of Gambling Studies**, 34(4), 1193-1207. 2018. DOI: 10.1007/s10899-018-9762-6.

SOBREPEREZ, P., ETZELMÜLLER, A., RUBEL, J. A., *et al*. Internet-based psychotherapy: A randomized, controlled trial comparing guided with unguided self-help. **Psychotherapy**, 54(2), 135-148. 2017.

SPEK, V., CUIJPERS, P., NYKLÍČEK, I., RIPER, H., KEYZER, J.; POP, V. Internet-based cognitive-behavioral therapy for obsessive-compulsive disorder: A randomized controlled trial. **The British Journal of Psychiatry**, 164(5), 709-717. 2007. https://doi.org/10.1192/bjp.164.5.709.

STILES-SHIELDS, C. *et al.* What might get in the way: Barriers to the use of apps for depression. **JMIR Mental Health**, 5(1), e11. 2018 Disponível em: https://mental.jmir.org/2018/1/e11/. Acesso em: 10 maio 2023.

SUCALA, M., *et al.* Online psychological interventions for mental and physical health outcomes in gastrointestinal disorders: a systematic review and meta-analysis. **Journal of Medical Internet Research**, 21(8), e12981. 2019. DOI: 10.2196/12981.

THEODOS, K.; SITTIG, S. Health Information Privacy Laws in the Digital Age: HIPAA Doesn't Apply. **Perspectives in Health Information Management**, v. 18, n. Winter, p. 1l, 7 dez. 2020.

TOPOOCO, N., *et al.* Attitudes towards digital treatment for depression: A European stakeholder survey. **Internet Interventions**, 8, 1-9. 2017.

TREGARTHEN, J. P., LOCK, J., DARCY, A. M.; FITZPATRICK, K. K. Cognitive-behavioral therapy for binge eating disorder: A pilot study using videoconferencing. **International Journal of Telehealth and Telemedicine**, 5(1), 1-6. 2017. https://journals.ukzn.ac.za/index.php/JISfTeH/article/view/231.

TURGOOSE, D., ASHWICK, R.; MURPHY, D. Systematic review of lessons learned from delivering tele-therapy to veterans with post-traumatic stress disorder. Journal of **Telemedicine and Telecare**, 24(9), 575-585. 2018. https://doi.org/10.1177/1357633X17730443.

VARKER, T., BRAND, R. M., WARD, J., TERHAAG, S.; PHELPS, A. Efficacy of synchronous telepsychology interventions for people with anxiety, depression, posttraumatic stress disorder, and adjustment disorder: A rapid evidence assessment. **Psychological Services,** 15(2), 229-237. 2018. https://doi.org/10.1037/ser0000239.

ZAINUDIN, Z. N.; YUSOP, Y. M. Client's Satisfaction in Face-To-Face Counselling and Cyber Counseling Approaches: A Comparison. **International Journal of Academic Research in Business and Social Sciences,** 8(3). 2018. DOI: 10.6007/ijarbss/v8-i3/3992.

PRÁTICAS EM ATENDIMENTO ONLINE

Após o subsídio dos capítulos anteriores, os próximos capítulos apresentarão como colocar em prática os atendimentos *online* com qualidade. Para isso, serão abordadas todas as etapas prévias essenciais para iniciar o atendimento, incluindo as regulamentações e legislações, os materiais, plataformas, *setting* etc.

Além disso, será explicado como implementar o atendimento *online* levando em consideração as particularidades de diferentes públicos (crianças, adolescentes, casais, grupos e expatriados). Também serão discutidos tópicos como: avaliação psicológica, sistemas de terapia automatizados, aplicativos e a incorporação de jogos digitais no processo psicoterapêutico.

Legislações sobre atendimento *online*: Resoluções e Lei Geral de Proteção de Dados

João Victor Rezende dos Santos e
Guilherme Teixeira Ohl de Souza

INTRODUÇÃO

Com advento das tecnologias de informação e comunicação, a sociedade foi tendo acesso a diversas vantagens, facilidades, mas também vem se deparando com novos desafios, que demandam leis, regulamentações e recomendações que deem conta desta nova ferreamente e forma de se relacionar. A Psicologia — como um produto social —, também fazendo uso da tecnologia, não fica de fora desta reorganização social e governamental.

Além da regulamentação do Conselho Federal de Psicologia quanto ao fazer psicológico de forma *online*, em agosto de 2018 foi promulgada a Lei Geral de Proteção de Dados (LGPD), passando a vigorar em setembro de 2020. Esta lei regulamenta a coleta, o uso e o manuseio dos dados pessoais obtidos dos pacientes e que necessita de atenção dos profissionais da psicologia.

Frente ao exposto, este capítulo tem por objetivo esclarecer, apresentar e pensar a implantação destas regulamentações, leis e recomendações sobre a atuação do(a) psicólogo(a) através das Tecnologias da Informação e da Comunicação (TICs).

LEGISLAÇÃO DO SERVIÇO PSICOLÓGICO

Para se compreender a resolução mais recente, CFP nº 11/2018, é importante conhecer um pouco das resoluções anteriores e saber a partir de qual contexto e demanda ela surgiu. Recomenda-se a leitura integral da resolução, para que não existam dúvidas com relação os procedimentos.

Nas primeiras resoluções, o atendimento psicológico *online* poderia ocorrer apenas em caráter de pesquisa. Ao longo do tempo foi-se acrescentado a possibilidade de fazer a orientação psicológica com um limite de vinte sessões, sendo marcadas diferenças consideráveis entre "orientação psicológica" e "psicoterapia". Havia também a possibilidade de "atendimento eventual", onde o profissional poderia atender em psicoterapia o cliente que não poderia comparecer presencialmente ao atendimento, como, por exemplo, quando o cliente estava em uma viagem ou adoecimento (CFP, 2000; CFP, 2005; CFP, 2012).

A resolução atual (2018) retirou o limite de vinte sessões, ampliou o leque de serviços que podem ser oferecidos — notadamente a psicoterapia — e retirou a condição de que a supervisão de casos fosse atrelada a um processo de formação. E como a prática psicoterápica foi liberada, a figura do atendimento eventual tornou-se obsoleta.

Houve uma mudança também na nomenclatura adotada para os serviços psicológicos *online*. Se antes diferenciava-se Orientação psicológica de Psicoterapia, atualmente a resolução fala de consultas e atendimentos, sem especificar a modalidade do serviço (CFP, 2018).

Estes atendimentos consistem nas práticas e métodos estabelecidos pela Psicologia, visando a avaliação, orientação e/ou intervenção individual ou grupal. Em outras palavras, abre possibilidades para todos os serviços, desde que bem embasados e aplicados corretamente.

Para trabalhar *online*, o profissional deve fazer um registro especial para este trabalho. Este registro deve ser renovado anualmente e é feito através do Cadastro Nacional de Profissionais para Prestação de Serviços Psicológicos por meio de TICs, que é o Cadastro e-Psi[1]. O cadastro é obrigatório e sem ele, o profissional cometerá falta disciplinar (CFP, 2018).

O profissional deverá explicitar os fundamentos éticos, técnicos e teóricos do trabalho, qual a plataforma eletrônica a ser usada, comunicação síncrona ou assíncrona, honorários ou requisitos para um ambiente apropriado para o atendimento. É também obrigatório especificar quais os recursos tecnológicos usados para garantir o sigilo das informações (CFP, 2018).

Dentre as práticas do(a) psicólogo(a), é possível fazer uso de testes e instrumentos psicológicos *online*, mas estes precisam ter parecer favorável do Sistema de Avaliação de Instrumentos Psicológicos, o SATEPSI. Estes testes, contudo, devem ter sido aprovados e validados para serem aplicados em formato *online* (CFP, 2018). A aplicação de testes não validados para ambiente *online* traz problemas, dado que não respeitam a padronização prevista para a aplicação.

Para o atendimento a crianças e adolescentes, é necessário ter o consentimento expresso de um dos responsáveis e o profissional deve avaliar a viabilidade técnica da realização do tratamento. O CFP (2018) recomenda que haja este consentimento com os dois responsáveis, mas exige, no mínimo, o consentimento de apenas um responsável.

---

[1] https://e-Psi.cfp.org.br/

O atendimento a pessoas em situação de urgência e emergência era considerado inadequado e proibido, sendo permitido apenas o atendimento presencial. Da mesma maneira, o atendimento a pessoas e grupos em situação de violência e/ou de violação de direitos também está restrito ao atendimento presencial. Em caso de violência ou violação de direitos durante o atendimento *online*, o profissional "deverá tomar as medidas cabíveis para encaminhamento e articulação junto à rede presencial de proteção" (CFP, 2018, p. 8).

A resolução também exige que se respeite as especificidades e adequação dos serviços frente às pessoas portadoras de deficiência.

Com relação a esses tópicos em específico, com o advento da pandemia e do consequente isolamento social, o CFP decidiu por alterar uma parte da resolução para que os atendimentos psicológicos pudessem ter continuidade, suspendendo alguns artigos temporariamente.

Estes foram os artigos suspensos pela resolução nº 4, de março de 2020:

- Artigos 3 e 4, que tratam do cadastro de profissionais:

Ele ainda é obrigatório, mas os profissionais podem atender sem esperar pelo aval do Conselho. Os(as) psicólogos(as) só serão impedidos de trabalhar *online* se o cadastro for indeferido.

- Artigos 6 e 7, que tratam do atendimento em situações de urgência, emergência e desastres:

Estes atendimentos eram vetados, mas com o advento da pandemia, o Conselho Federal os liberou. No entanto, ainda advertia para que ele fosse preferencialmente realizado de maneira presencial e que o profissional deveria avaliar as condições para que ele ocorresse.

- Artigo 8, que proíbe o atendimento a pessoas em situação de violência e violação de direitos:

Assim como nos atendimentos referidos dos artigos 6 e 7, ele também foi liberado, desde que o profissional avaliasse a situação e desse o encaminhamento adequado a um atendimento presencial assim que possível.

Até a data de publicação deste texto, estas liberações estão mantidas, mas cabe ao profissional ficar sempre atento as resoluções vigentes.

Apesar de ser óbvio, nunca é demais lembrar que qualquer trabalho *online* deve estar de acordo com o Código de Ética Profissional do Psicólogo (2005) e ter bem avaliada a adequação do tipo de serviço, se ele é compatível com os objetivos propostos, e se o cliente e o profissional estão aptos para o trabalho através das TICs. Além disso, o profissional deve manter um prontuário, responsabilizando-se por sua guarda e sigilo, mas deixando-o disponível mediante solicitação do cliente (CFP, 2009).

LEI GERAL DE PROTEÇÃO DE DADOS (LGPD)

Com o avanço e difusão da tecnologia a sociedade recebeu inúmeros benefícios, como maior e mais rápido acesso a informações, sejam elas públicas ou privadas. As pessoas podem se expor mais e ver mais das outras pessoas, os contatos se tornaram mais rápidos e dinâmicos, e por conseguinte, geram mudanças culturais (Fretta, 2021).

Concomitantemente a este avanço, com novas ferramentas e novas possibilidades, nos deparamos com novos problemas, como: sequestro de dados, vazamento de dados, golpes diversos, furto de identidade, vírus, entre outros incidentes. Frente a isso a LGPD surge como uma resposta a estas novas demandas advindas com o avanço tecnológico (Fretta, 2021).

A LGPD é a regulamentação do tratamento com os dados pessoais de usuários, clientes e pacientes, por pessoas naturais ou jurídicas em empresas privadas ou públicas (Brasil, 2018).

Esta lei abrange os mais diversos setores da sociedade, incluindo os serviços de saúde e de psicologia que, por sua natureza, lidam com dados pessoais. Ela tem um caráter preventivo, ou seja, ela demanda medidas para se evitar o uso inadequado ou mesmo ilegal dos dados pessoais. Será focado neste texto os aspectos que envolvem diretamente a profissão da psicologia e apresentando uma série de conceitos e ações necessárias para a compreensão e cumprimento desta lei.

CONCEITOS CONTIDOS NA LGPD

Para saber trabalhar com dados, primeiro é necessário entender o que é um dado pessoal, e quais são os diferentes tipos de dados pessoais. Na LGPD, dados pessoais são todas e quaisquer informações de uma pessoa, ou informações que possibilite a identificação desta. Aqui estamos falando de dados como, por exemplo: Nome, RG, CPF, sexo e endereço (Garcial *et al.*, 2020).

Abaixo estão elencados os diferentes tipos de dados contidos na LGPD (Brasil, 2018; Garcial *et al.*, 2020):

Dados Identificados: são os dados que identificam diretamente o titular, ou seja, aqueles em que a identificação ocorre imediatamente ao acessar o dado, como, por exemplo, o nome ou a carteira de identidade.

Dados Identificáveis: são aqueles em que a identificação do titular não ocorre de maneira imediata, mas que são razoavelmente fáceis de serem associados ao titular. Por exemplo, um endereço de IP ou de e-mail com um pseudônimo. Estas informações não caracterizam diretamente o titular, mas pode-se chegar até ele.

Dados pessoais sensíveis: são aqueles que informam características, personalidade e escolhas do indivíduo. Exemplos de dados sensíveis são a convicção religiosa, escolhas políticas, origem étnica e dados biométricos, entre outros.

Dados anonimizados: são os dados tratados que não podem identificar o titular, ou seja, não é possível por meios técnicos chegar ao titular. Sendo assim, não são considerados dados pessoais.

Dados pseudonimizados: são os dados tratados que não podem identificar o titular, se não, por informações adicionais separadas em ambiente controlado e seguro.

Explicado o que são os dados, agora será discutido sobre cada pessoa dentro do que é chamado Operação de Tratamento, ou seja, os papeis que estão envolvidos nos processos de coleta, arquivamento, armazenamento, produção, classificação, eliminação, comunicação, compartilhamento e transferência de dados (Brasil, 2018; Garcial *et al.*, 2020):

Titular de dados: é quem possui os dados, ou seja, a pessoa física usuária do serviço psicológico.

Controlador: é quem determina as regras de coleta e manuseio de dados, quem define o que será coletado e com que finalidade. É também o maior responsável legal pelo seu tratamento.

Operador: é quem de fato opera (ou manuseia) os dados, seguindo as diretrizes colocadas pelo controlador. Ele responde legalmente quando não segue as diretrizes do controlador ou as normas da LGPD. Mesmo quando o operador é responsável por um eventual uso irregular dos dados, o controlador não é isento de sua responsabilidade legal.

Encarregado: é quem faz a intermediação entre o controlador, a ANPD e o titular. Até regulação posterior, ele é exigido para empresas de maior porte.

Vale ressaltar que o(a) psicólogo(a) em seu próprio consultório se torna o controlador e operador dos dados. Em uma clínica, o(a) psicólogo(a) se torna o controlador e os funcionários, os operadores. Neste caso, é importante que haja uma capacitação de quem for o operador a respeito de suas responsabilidades perante o sigilo do paciente (Garcial *et al.*, 2020).

IMPLANTAÇÃO: PROTEÇÃO DE DADOS

Explicado os termos, diferentes tipos de dados e os papeis de todos os envolvidos dentro desta lei, partiremos agora para implantação da LGPD no fazer da psicologia, em consonância com o Conselho Federal de Psicologia (CFP). Foi escolhido para este capítulo o art. 6 da LGPD, que trazem os princípios que a norteiam, para pensar a implicação e implantação desta lei. A proposta não é de esmiuçar artigo por artigo, mas orientar na aplicabilidade desta e demais leis que cerceiam a psicologia. De modo prático, serão apresentados os princípios norteadores da LGPD, concomitantemente com sua aplicação.

Os incisos I, II e III, que é, respectivamente, o de finalidade, adequação e necessidade. Juntos, estes incisos falam que, o profissional, deve ter claro e deixar claro ao titular quais dados serão coletados e qual a relevância deles para o serviço prestado, coletando apenas os dados necessários (Brasil, 2018; Garcial *et al.*, 2020).

Sempre no serviço psicológico o terapeuta deve fazer um enquadramento com o paciente antes de qualquer ação, pois é justamente neste enquadre, que o psicoterapeuta alinha com o paciente, inclusive, o que, e como será feito o trabalho (CFP, 2018). Coletar os dados essenciais para o atendimento *online* é importante para pensar em ações também, como, por exemplo, o terapeuta ter o endereço de onde o paciente mora, para que, se em alguma situação de urgência, o terapeuta possa acionar outros serviços da rede. A solicitação deste e demais dados devem ter sempre uma finalidade, e esta deve ser clara ao paciente e o mesmo estar de acordo com isso.

Nos incisos IV, V e VI, referem-se respectivamente aos princípios de livre acesso, qualidade dos dados e transparência, que juntos, dizem respeito a clareza e atualização dos dados, bem como o livre acesso do titular a estes, garantidos de forma facilitada e gratuita (Brasil, 2018; Garcial *et al.*, 2020).

A atualização dos dados é de suma importância, uma vez que, se o dado tem uma finalidade — como mostrado no inciso I —, é imprescindível que ele esteja correto para a finalidade proposta.

Para além disso, no que diz respeito ao acesso do paciente aos dados, o CFP, em sua resolução 001/2009, deixa claro que o paciente ou representante legal, tem o direito de acessar integralmente o prontuário. Estas informações significam dizer que o terapeuta deve fazer o registro documental em papel ou informatizado dos dados do paciente, e mantê-lo atualizado (CFP, 2009; CFP, 2018).

Em sequência, tem-se os incisos VII e VIII, que falam sobre as medidas técnicas e administrativas que protegem os dados de violação ou perda (Brasil, 2018). Ressalta-se que na resolução 001/2009 o CFP regulamenta que as informações coletadas e tratadas, tem caráter sigiloso.

Para que o terapeuta garanta a segurança dos dados, o mesmo precisa tomar algumas ações (Souza; Silva; Monteiro, 2020; Garcial *et al.*, 2020):

- Fazer *backup* regularmente dos dados para não a perder;
- Ter antivírus instalados, que inclusive possa fazer criptografias e bloqueio de ataques; Colocar senhas para acesso nas TICs;

- Deixar os documentos arquivados em locais (físicos ou virtuais) de acesso único e exclusivo do terapeuta.

Também não é recomendado utilizar plataformas gratuitas para a coleta de dados (tais como Google docs), pois estas plataformas se baseiam em um modelo de coleta de dados pessoais para seu negócio. Além disso, a guarda dos documentos neste local é mais difícil de fazer, por conta da possibilidade de acesso indevido a conta Google, por exemplo. Para exemplificar, em uma situação de roubo de celular, o ladrão facilmente pode ter acesso ao Drive das contas Google, tendo assim acesso a dados do paciente.

No inciso IX, é tratado sobre a não discriminação social que possa ocorrer através da coleta de dados (Brasil, 2018). Por exemplo, em um processo de seleção, deve-se evitar a coleta de dados que caracterizem uma pessoa (como origem étnica) e que possam levá-la a sofrer discriminações.

Por fim, o inciso X, que trata da responsabilização e prestação de contas, que é a prova de que o profissional tomou as medidas eficazes e necessárias de acordo com a LGPD (Brasil, 2018). De maneira mais concreta, significa deixar documentadas todas estas medidas e não deixar que esta prestação de contas seja feita oralmente apenas. O profissional deve apresentar isto de forma escrita, podendo ser em forma de contrato de prestação de serviços, contendo (CFP, 2018):

- Por onde o atendimento será realizado;
- Armazenamento de informações;
- Tempo de resposta;
- Recursos a serem utilizados;
- Corresponsabilidade pelo sigilo das informações;
- Ambiente adequado para os atendimentos;
- Honorários;
- Faltas.

Para além destes princípios e orientações, o profissional, para poder garantir a privacidade e proteção de dados, em consonância com a LGPD e o CFP, deve tomar algumas outras ações, como a plataforma que usará para atendimento. Não cabe aqui indicar qual é a melhor plataforma, tendo em vista que estas mudam com o tempo, mas podemos elencar alguns fatores cruciais para esta escolha (Souza; Silva; Monteiro, 2020):

Usar uma plataforma de atendimento que utilize criptografia e esteja de acordo com a LGPD;

Se ater as políticas ou termos de uso de dados da plataforma, evitando assim escolher plataformas que usem os dados para propagando, publicidade, coleta de perfis etc.

CONSIDERAÇÕES FINAIS

Comumente, ao conversar com amigos, colegas de trabalho, funcionários de diferentes áreas, ouvimos críticas e aversões às burocracias, que, de fato, tornam processos morosos, porém por trás de cada burocracia, há uma experiência ruim por falta de normas e regulamentos.

Ao entrar em contato com as regulamentações precisa-se ter olhos sérios e atentos as todas as informações e procedimento. A tão temida burocracia precisa entrar no fazer profissional como uma aliada, e não como uma inimiga, que protege tanto o profissional quanto ao usuário do serviço.

Este capítulo não tem como objetivo substituir a necessidade de se ler as legislações por trás dos atendimentos *online*, mas sim de introduzir e nortear o profissional quanto a esta parte tão importante da atuação.

Para além da compreensão das regulamentações do atendimento psicológico *online*, é importante que o(a) psicólogo(a) esteja atento sempre às mudanças e atualizar-se. A sociedade avança e muda, e as regulamentações acompanham estas mudanças e acabam mudando também, em um movimento dialético entre desenvolvimento da sociedade e desenvolvimento das leis.

EXERCÍCIOS DE FIXAÇÃO

- Com base no que foi apresentado neste capítulo, articule um texto pensando qual(is) ferramenta(s)/plataforma(s) você poderia utilizar para atendimento e justifique, eticamente o uso delas, refletindo os pré-requisitos para escolha da(s) plataformas.
- Pense a seguinte situação:

Um psicólogo que faz atendimento *online*, após cada atendimento ele faz a evolução do caso em um arquivo de *Word* no computador de seu namorado. O psicólogo não exclui o arquivo do computador do namorado, mas coloca uma cópia em seu *pendrive*. Um dia, este terapeuta perde o *pendrive* com os arquivos e não consegue encontrar.

Nesta situação, o psicólogo deixou de cumprir algum princípio da LGPD e/ou as resoluções do CFP? Se sim, quais e em quais ações?

REFERÊNCIAS

BRASIL. Lei nº 13.709, de 14 de agosto de 2018. **Lei Geral de Proteção de Dados (LGPD)**. Disponível em: <https://www.planalto.gov.br/ccivil_03/_ato2015-2018/2018/lei/l13709.htm>. Acesso em: 01 de abril de 2021.

Conselho Federal de Psicologia. **Resolução nº 001/2009, de 30 de março de 2009**, Concelho Federal de Psicologia, 30 de março de 2009. Disponível em: <https://site.cfp.org.br/wp-content/uploads/2009/04/resolucao2009_01.pdf>. Acesso em: 27 de abril de 2023

Conselho Federal de Psicologia. **Resolução nº 11/2018 comentada, de 11 de maio de 2018**, Conselho Federal de Psicologia, 11 de maio de 2018. Disponível em: <https://e-psi.cfp.org.br/wp-content/uploads/2018/11/Resolu%C3%A7%C3%A3o-Comentada-Documento-Final.pdf>. Acesso em: 23 de abril de 2022.

Conselho Federal de Psicologia. **Resolução n° 03/2000, de 25 de setembro de 2000**, Conselho Federal de Psicologia, 25 de setembro de 2000. Disponível em: <https://www.crprs.org.br/upload/legislacao/legislacao40.pdf>. Acesso em: 23 de abril de 2022.

Conselho Federal de Psicologia. **Resolução n° 12/2005, de 18 de agosto de 2005**, Conselho Federal de Psicologia, 18 de agosto de 2005. Disponível em: <http://site.cfp.org.br/wp-content/uploads/2005/08/resolucao2005_12.pdf>. Acesso em: 23 de abril de 2022.

Conselho Federal de Psicologia. **Resolução n° 11/2012, de 21 de junho de 2012**, Conselho Federal de Psicologia, 21 de junho de 2012. Disponível em: <https://site.cfp.org.br/wp-content/uploads/2012/07/Resoluxo_CFP_nx_011-12.pdf>. Acesso em: 23 de abril de 2022.

Conselho Federal de Psicologia. **Resolução n° 06/2019 comentada, de 29 de março de 2019**, Conselho Federal de Psicologia, 11 de setembro de 2019. Disponível em: <https://site.cfp.org.br/wp-content/uploads/2019/09/Resolu%C3%A7%C3%A3o-CFP-n-06-2019-comentada.pdf>. Acesso em: 23 de abril de 2022.

FRETTA, D. S. **LGPD: Principais Aspectos e sua Implementação na Área da Saúde** (Monografia). Trabalho de Conclusão de Curso, Centro Universitário Sociesc de Blumenau – UNISOCIESC, BLUMENAU, 2021.

GARCIA, L. R.; AGUILERA-FERNANDES, E.; GONÇALVES, R. A. M.; PEREIRA-BARRETTO, M. R. **Lei Geral de Proteção de Dados (LGPD): Guia de Implantação**. 1ª ed, Blucher. E-book. 2020.

SOUZA, V. B.; SILVA, N. H. L. P.; MONTEIRO, M. F. **Psicoterapia online: manual para a prática clínica**. 1a ed. Curitiba: Ed. das Autoras. E-book. 2020.

Transformações no *setting* do atendimento psicológico

Paulo Annunziata

INTRODUÇÃO

O uso de equipamentos eletrônicos por profissionais de saúde no ambiente de trabalho é uma prática já bem conhecida e estabelecida, tanto no mundo, como no Brasil (Dondanville et al., 2020). Os números apresentados por pesquisa recente, a TIC Saúde 2022, conduzida pelo Centro Regional para Estudos para o Desenvolvimento da Sociedade da Informação – CETIC, aponta para a presença de equipamentos eletrônicos (computadores, *tablets* e celulares) na maioria dos estabelecimentos de saúde no Brasil, incluindo-se aqui equipamentos de atenção primária como as Unidades Básicas de Saúde. Quanto à presença de conexão de internet, a grande maioria de médicos e enfermeiros relata tê-la disponível. Segundo os médicos que responderam à pesquisa, por exemplo, os índices variavam de 94% de presença de conexão de internet em equipamentos de saúde nas capitais e 92% de presença em equipamentos em cidades do interior. Quanto à presença de funcionalidades de consulta *online* nos equipamentos eletrônicos disponíveis, a prevalência relatada por médicos foi de 59% nas capitais e 36% no interior. A pesquisa deixa claro que as teleconsultas já são parte da realidade nas práticas em saúde no Brasil (CETIC, 2022).

Até o início da pandemia de COVID-19, somente uma parcela dos(as) psicólogos(as) já haviam adotado o atendimento *online* como parte de seu cotidiano de trabalho, muito embora sua eficácia já tivesse sido comprovada empiricamente (Bruce, Maurya; Therthani, 2020). Já os profissionais da psicologia envolvidos em equipamentos de saúde de atenção básica, como os postos de saúde, e de atendimentos de maior complexidade, como ambulatórios e hospitais, permaneceram trabalhando presencialmente, uma vez que tais equipamentos mantiveram-se funcionando e depois se tornaram parte imprescindível do manejo e do combate à pandemia no Brasil.

Mundialmente, as pessoas passaram a temer o contágio pelo vírus e a obedecer às orientações de isolarem-se socialmente e de comunicarem-se somente pelo uso dos dispositivos eletrônicos (Situmorang, 2020). Quanto aos(as) psicólogos(as), estes viram-se obrigados a adaptar-se a uma nova realidade utilizando equipamentos eletrônicos conectados à internet (Fitzsimmons-Craft, Graham e Taylor, 2020).

A incorporação do atendimento psicológico *online* na prática profissional do(a) psicólogo(as) (e na prática profissional em saúde mental), vem trazendo novas questões e desafios para os profissionais e para os usuários dos serviços prestados. No Brasil, tais questões e desafios trazem consigo especificidades no que diz respeito, por exemplo, às características particulares da nossa cultura e também às condições socioeconômicas de nosso país. Dentro do contexto brasileiro, o atendimento psicológico *online* provocou e continua provocando transformações específicas no *setting* de atendimento, na medida em que exige novas reflexões a respeito dos moldes sob os quais os profissionais de saúde oferecem seus serviços. O uso dos softwares de videoconferência (a partir do surgimento da internet de banda larga e do barateamento de câmeras de vídeo, por exemplo) foram requisitos destas transformações. Como também a disseminação dos comunicadores instantâneos na forma de comunicação entre profissionais da psicologia e de seus clientes/pacientes.

No presente capítulo serão apresentadas algumas das modificações fundamentais que o atendimento *online* trouxe para a prática psicológica, especialmente no que tange às consultas *online*, assim como propor-se-ão discussões a respeito de suas implicações. Também serão propostas reflexões acerca do uso dos comunicadores instantâneos como o WhatsApp, amplamente difundido no Brasil, entre os profissionais e seus pacientes.

O SETTING DE ATENDIMENTO ONLINE

Em linhas gerais, é possível descrever o *setting* de uma consulta *online* psicológica da seguinte forma: psicólogo(a) e paciente fazem a consulta a distância, utilizando recursos de áudio (por telefone ou por software sem uso do recurso de vídeo) ou de áudio+vídeo através de softwares como Google Meet, Zoom, Jitsi, Whereby, ou de plataformas específicas como a Vittude e a Terappia, entre outras, para o atendimento psicológico *online*. A duração e o software escolhido variam de acordo com o serviço que oferece a consulta (se consultório particular, instituição de saúde pública ou privada etc.) e com o tipo de serviço prestado (consulta agendada ou plantão psicológico, por exemplo). A base do atendimento *online* em saúde por áudio e vídeo passa então pela disponibilidade de um computador, *tablet* ou telefone celular (necessariamente um *smartphone*) tanto para o profissional quanto para o paciente envolvidos, com uma conexão de internet boa o suficiente para que a consulta ocorra sem maiores problemas.

Partindo-se desta concepção geral, faz-se necessário caminhar em direção aos aspectos mais específicos e às suas implicações concretas para o cotidiano de psicólogos(as) e pacientes.

O USO DOS SOFTWARES DE VIDEOCONFERÊNCIA

A partir da disseminação da conexão de banda larga em meados dos anos 2000 e do barateamento de câmeras de vídeo e microfones, as videoconferências passaram a integrar a discussão sobre o atendimento psicológico *online* (Watts *apud* Dondanville *et al.*, 2020). Quanto às consultas *online* via áudio+vídeo, é possível dizer que um dos pilares do *setting* terapêutico é o manuseio correto de aplicativos de videoconferência. Sendo assim, ao longo das últimas duas décadas aproximadamente, psicólogos(as) e pacientes foram-se familiarizando gradativamente com o uso destes aplicativos.

O manejo dos softwares/aplicativos já foi dominado por muitos, mas nem todos têm a mesma desenvoltura. A familiaridade com tais softwares é condição *sine qua non* para o bom andamento da consulta. Como sugere Fleury (2020), tanto o(a) psicólogo(a) quanto o paciente/cliente devem ter um grau de manejo suficiente, o que representa um novo desafio para ambos no contexto do atendimento psicológico. Desta maneira, em alguns casos há que se treinar o uso da ferramenta escolhida pelo profissional e/ou pelo paciente. Indo além, tal treino pode ser incluído previamente ao atendimento inicial, podendo ser conduzido pelo(a) próprio(a) psicólogo(a).

O CONSULTÓRIO VIRTUAL INSTITUCIONAL

Quando se trata de instituições de saúde públicas e privadas, ou mesmo de ONGs que oferecem atendimento psicológico *online*, são geralmente as instituições que definem todos os moldes do ambiente virtual a ser utilizado. Isto se dá, pois os pacientes, clientes ou usuários dos respectivos serviços, quando procuram a instituição, não buscam inicialmente um(a) psicólogo(a) específico(a), mas sim o atendimento que a instituição oferece. Sendo assim, mesmo que o atendimento ocorra regularmente com o(a) mesmo(a) psicólogo(a), o vínculo se desenvolve também com a própria instituição ou, em uma linguagem analítica, podemos dizer que a relação transferencial ocorre não somente entre paciente e psicoterapeuta, mas também entre paciente e instituição. O(a) psicólogo(a) não atende em caráter particular e ele não responde sozinho pelo atendimento, mas em conjunto com a instituição onde está inserido. Também é de interesse da instituição, em muitos casos, responsabilizar-se pelo espaço virtual de atendimento para que possa nele imprimir seus próprios moldes e padronizações.

O CONSULTÓRIO VIRTUAL PARTICULAR

Pode-se argumentar que, neste segundo tipo de ambiente, é o(a) psicólogo(a) quem deve se responsabilizar exclusivamente pelo ambiente virtual. Ele é o responsável pelo serviço e, portanto, é quem deve cuidar desta modalidade de consultório *online*, assim como cuidaria de seu consultório particular presencial. Esta forma de trabalho é comum e muitos profissionais optam por ter uma conta fixa num aplicativo e a partir dela organizar o consultório virtual.

Além disto, se considerarmos os atendimentos psicológicos *online* de grupo, a organização do espaço virtual de atendimento fica a cargo do psicoterapeuta, uma vez que seria pouco viável que cada membro do grupo organizasse tal ambiente de uma vez — salvo se faz parte do trabalho grupal algum tipo de proposta de organização compartilhada da configuração do espaço. Mesmo neste caso se considera boa prática que as regras do grupo terapêutico sejam discutidas e avalizadas por todos os membros do mesmo.

Adicionando às considerações acima, podemos complexificar nosso entendimento e enriquecer a presente reflexão. Grande parte das abordagens psicológicas parte do pressuposto de que o cliente/paciente deve chegar (e chega) até o consultório particular (ou mesmo um serviço público) a partir de uma demanda que lhe é pessoal. A força motriz, por assim dizer, de um trabalho psicoterápico, de orientação psicológica ou mesmo de orientação profissional (para citar algumas possibilidades comuns no trabalho do psicólogo) é o desejo e o interesse do cliente/paciente, que está sob algum tipo de sofrimento emocional e/ou que apresenta uma questão que precisa de clarificação. Tendo isto em mente, alguns profissionais podem argumentar que o responsável por criar a sala de atendimento virtual deve ser o paciente, já que o desejo pelo atendimento deve sempre partir dele e não do(a) psicólogo(a). No consultório presencial, quem concebe e mantém o ambiente é o(a) psicólogo(a). Mas o cliente/paciente toma a iniciativa, sai de sua casa ou trabalho e vai até o consultório. O paciente faz um movimento consciente e organizado para procurar o atendimento. Nesta linha de raciocínio, o ato de organizar a sessão virtual, de cuidar do ambiente *online*, seria um ato intencional que marca o movimento fundamental do paciente em relação ao atendimento psicológico. Aqui, o momento em que o paciente fornece, por exemplo, o *link* da sala virtual, é como o momento em que o paciente chega ao consultório. Só a partir daí, deste movimento, é que a sessão começa. Do contrário, o movimento partiria do(a) psicólogo(a), o que seria menos adequado dentro desta linha de argumentação.

Entretanto, a partir do Código de Ética do Psicólogo, "Art. 9º – É dever do psicólogo respeitar o sigilo profissional a fim de proteger, por meio da confidencialidade, a intimidade das pessoas, grupos ou organizações, a que tenha acesso no exercício profissional." (CFP, 2005), depreende-se que a boa prática é aquela na qual o(a) próprio(a) psicólogo(a) fornece o espaço virtual de atendimento e preza condições adequadas deste e sua manutenção. Seguindo a orientação do Código, não cabe deixar a cargo do paciente/cliente/usuário do serviço a responsabilidade pela criação do espaço virtual de atendimento. Uma saída possível para o dilema de quem deve organizar o ambiente virtual no contexto do atendimento psicológico particular é que o profissional utilize softwares/aplicativos que permitam manter aberta uma sala virtual permanente com a possibilidade de se ativar o recurso "sala de espera". Isto torna a situação um tanto análoga a do consultório particular: o(a) psicólogo(a) tem um consultório virtual permanente. Ele está disponível para o atendimento sempre pontualmente no horário marcado com cada cliente/paciente. Neste consultório há uma sala de espera virtual. O paciente vem até a sala de espera, lá aguarda e o(a) psicólogo(a) recebe uma notificação sobre quem "chegou" à sala de espera. Ele então pode receber o paciente e, com um clique, transfere o paciente da sala de espera para a sala de atendimento virtual propriamente dita. Uma vez que o consultório particular, neste caso, pode ter um *link* permanente que é acessado nos horários marcados, o recurso da sala de espera também evita que pessoas indesejadas entrem na sala de atendimento virtual por engano ou sem aviso. Mesmo que o(a) psicólogo(a) gere um *link* a cada horário e o envie para o paciente, o funcionamento permanece similar, também com o recurso da sala de espera

O CENÁRIO DO CONSULTÓRIO VIRTUAL

Para além do software ou aplicativo utilizado e do contexto institucional ou particular do *setting*, faz-se necessário cuidar do cenário do consultório virtual, ou em outras palavras, da decoração da sala e do ângulo escolhido para a posição da câmera. Toma-se aqui, para a presente reflexão, tanto o contexto de atendimentos virtuais pontuais (como um plantão psicológico) quanto aquele dos atendimentos regulares (como uma psicoterapia.).

É indiscutível que o atendimento psicológico em diferentes contextos deve favorecer a expressão do cliente/paciente. Ao(a) psicólogo(a) cabe criar e sustentar um ambiente livre de julgamentos e protegido o suficiente para que o paciente possa se expressar da forma mais livre possível. O(a) psicólogo(a) sustenta tal ambiente, oferece e mantém o sigilo e desta forma favorece que o paciente sinta-se permitido a colocar naquele espaço as ideias e as emoções que ele queira.

Nesta direção, podemos ver a importância do resguardo dos dados pessoais do psicólogo. O quanto o(a) psicólogo(a) revela, intencional ou não intencionalmente, passa por sua formação e também pela abordagem que segue em sua prática. Ainda que haja entendimentos diversos quanto ao grau de anonimidade que o(a) psicólogo(a) deve manter, não existe a possibilidade de se entrar numa relação com o paciente de forma a permanecer 100% neutro.

As abordagens psicodinâmicas tendem a preservar uma maior anonimidade do terapeuta (pois creem que quanto menos o paciente sabe sobre a vida e as inclinações do(a) psicólogo(a), menos ele será influenciado por elas. Podendo se projetar de forma mais livre). Há abordagens como as teorias comportamentais e a Gestalt-terapia que se utilizam da revelação de informações sobre a vida do(a) psicólogo(a). Ao final, a relação, que também é afetiva, entre psicólogo(a) e paciente, é parte fundamental do trabalho psicológico. Para concluir, cabe ao(a) psicólogo(a) estar consciente da forma como se apresenta e como apresenta seu consultório (presencial e/ou virtual).

AS RESPONSABILIDADES COMPARTILHADAS

Há ainda algumas responsabilidades compartilhadas entre o(a) psicólogo(a) e o usuário de seu serviço no ambiente *online*.

Privacidade. tanto o(a) psicólogo(a) como o cliente/paciente devem prezar a privacidade. Enquanto no consultório presencial é o(a) psicólogo(a) (e a instituição em que está inserido, se for o caso) que preza o espaço físico — para que o atendimento não sofra interrupções e pela privacidade do que é conversado (evitando, por exemplo, vazamento de som da sala) — no consultório virtual tanto o(a) psicólogo(a) quanto o paciente devem prezar um ambiente o mais silencioso e o mais privativo possível. Uma vez que o *setting* se expande e se divide entre o equipamento (celular, *tablet* ou computador) utilizado(a) pelo(a) psicólogo(a) e aquele utilizado pelo paciente, cabe a cada uma das partes manter, por exemplo, os softwares de videoconferência atualizados, assim como câmeras de vídeo/microfones em bom funcionamento.

Confidencialidade. A utilização de equipamentos eletrônicos protegidos de invasões ou ataques cibernéticos é fundamental quando se trata do atendimento psicológico *online*. O(a) psicólogo(a) deve, segundo exige o Código de Ética profissional (CFP, 2005) prezar o sigilo dos dados de seus clientes/paciente assim como do conteúdo daquilo que for conversado entre as partes. Mais uma vez aqui, o *setting* se divide e se expande e o paciente passa a ter também a responsabilidade pela confidencialidade. Sendo assim, psicólogos(as) e usuários dos serviços de psicologia via consulta *online* devem, imprescindivelmente, manter softwares antivírus atualizados em seus respectivos equipamentos eletrônicos. É papel do(a) psicólogo(a) e/ou das instituições que oferecem atendimento *online* instruírem os usuários do serviço neste sentido.

Outro cuidado com relação à confidencialidade é o cuidado com os registros de texto que possam ficar guardados, por exemplo, quando se utiliza o recurso de *chat* escrito. Aqui, há outra recomendação importante: o cliente/paciente/usuário do serviço de atendimento *online* deve, necessariamente, ter uma conta individual no aplicativo utilizado para fazer o atendimento, salvo quando se tratar de menores de idade sob tutela dos pais ou de outros responsáveis. Também o(a) psicólogo(a) deve fazer o mesmo. A conta individual, protegida por senha pessoal, evita que outros possam acessar o conteúdo das trocas entre o paciente e o(a) psicólogo(a).

Um último quesito no que tange à responsabilidade compartilhada é que psicólogos(as) e pacientes evitem, sempre que possível, o uso de redes de internet compartilhadas como em cafés, estabelecimentos comerciais ou mesmo espaços públicos que fornecem rede de wi-fi para seus frequentadores. As redes compartilhadas configuram um meio mais propício a ataques cibernéticos, uma vez que todos os usuários do local se conectam à mesma rede, diferentemente da rede domiciliar privada, onde só pode se conectar aquele que tem a senha do wi-fi particular do proprietário.

A ENTRADA NA CASA DO PACIENTE

Comparando-se novamente o atendimento psicológico presencial ao *online*, nota-se que no atendimento presencial o paciente tem acesso ao ambiente do consultório. O(a) psicólogo(a), por sua vez, não tem acesso direto à casa ou a outros ambientes onde ocorre a experiência de vida do paciente — salvo nos casos de atendimento domiciliar — como no contexto dos atendimentos de NASF (Núcleo de Assistência à Saúde da Família) no SUS, de Acompanhamento Terapêutico, e de outros atendimentos domiciliares que possam ocorrer por motivos diversos.

Já no atendimento *online*, o psicoterapeuta pode ver a casa do paciente, no recinto que este escolheu como sua sala de atendimento em casa. É possível ao profissional observar o cenário do paciente, o que o compõe, suas cores, os objetos que aparecem, qual é sua configuração, em que cômodo está. Desta forma, enquanto no atendimento presencial o(a) psicólogo(a) só pode imaginar como são os ambientes em que o paciente vive, agora ele tem uma pequena amostra de como eles são.

Embora não essencial, tal conhecimento pode ser adicionado à compreensão que o(a) psicólogo(a) constrói, de forma a acrescentar à reflexão clínica somado ao restante que o paciente fornece como informação. Sob este ângulo, a possibilidade de ver um pouco da casa do paciente pode configurar um aspecto novo e positivo do atendimento psicológico *online*.

O OLHO NO OLHO

Utilizando-se das tecnologias disponíveis atualmente, ainda não é possível estabelecer contato simultâneo olho no olho durante atendimentos psicológicos via videoconferência.

Ao se atentar para o posicionamento das câmeras, nota-se que elas podem permanecer encaixadas nas bordas do monitor, ou posicionadas fora dele, no caso de câmeras externas, ou ficam no topo da tela do dispositivo, celular, *tablet* ou computador, quando se tratam de câmeras integradas. Sendo assim, durante uma chamada de vídeo, o rosto da pessoa com quem se fala fica posicionado na tela do dispositivo, enquanto que a câmera fica logo acima ou próxima da tela apenas. O efeito obtido é este (considerando-se dois participantes, A e B):

- Quando o participante A olha nos olhos do participante B (que aparece na tela do participante A), o participante B vê o olhar do participante A, redirecionado para o lado ou para cima e não para os seus olhos (os do participante B). O mesmo ocorre do participante B em relação ao participante A.
- Para que o participante A apareça olhando para os olhos do participante B, ele deve mover seu olhar para a câmera do seu dispositivo. Entretanto, quando o faz, ele deixa de olhar para a sua tela, deixando de olhar para a imagem do participante B, ou seja, deixando de vê-lo no centro de seu campo de visão. O participante B tem a impressão de estar sendo olhado nos olhos, mas não está. O mesmo ocorre do participante B para o A. Para que o "olho no olho" fosse possível, a câmera do dispositivo teria que estar posicionada precisamente entre os olhos do interlocutor que aparece na tela, no meio da tela onde a imagem do participante aparece.
- Quando os dispositivos usados são aparelhos celulares inteligentes (todos os *smartphones* têm câmera integrada), este "efeito" é minimizado. Nestes, a tela é menor do que em *tablets* e computadores e, consequentemente, a distância entre a câmera e o centro da tela é também menor.

Embora possa parecer um detalhe, a impossibilidade do "olho no olho" é uma especificidade dos atendimentos *online*.

O TAMANHO DA TELA

Partindo-se do princípio que telefones celulares, *tablets*, *notebooks* e *desktops* têm cada qual um tamanho de tela específica, sugere-se que o profissional faça seus atendimentos *online* utilizando a maior tela possível. Considerando-se que, na consulta *online*, o profissional perde dados de comportamento corporal e consequentemente de alguns sinais não verbais, ele deve escolher a melhor visão possível do paciente quando efetua atendimentos nesta modalidade. A regra é simples: quanto maior o ecrã, melhor o(a) psicólogo(a) enxerga seu paciente, seus maneirismos etc. Desta forma, não se recomenda ao profissional fazer o atendimento em telas menores como as dos telefones celulares.

SETTINGS IMPROVISADOS

Com o início da pandemia de COVID-19 e o consequente decreto de isolamento social que houve em diversos países do mundo, incluindo no Brasil, profissionais de todas as áreas viram-se obrigados a repensar seus moldes de trabalho. Na psicologia isto não foi diferente e, com exceção de psicólogos(as) da linha de frente (trabalhadores de hospitais e de postos de saúde, por exemplo), os profissionais foram impelidos a trabalhar com atendimentos *online*. Isto ficou evidente quando o CFP promulgou a resolução 11/2020, que estendeu a permissão para o trabalho *online* a toda a categoria. A terapia *online* tornou-se o meio principal para tratar da saúde mental da população durante a pandemia (Situmorang, 2020).

Como já foi descrito anteriormente, há condições desejáveis para que um bom *setting* de atendimento *online* se configure: ambiente privativo e longe de ruídos, confortável, livre de interrupções, boa qualidade de conexão de internet etc. Entretanto, condições específicas surgiram ou foram acentuadas durante a pandemia e coube aos(as) psicólogos(as) e aos usuários de seus serviços se adaptarem criativamente.

A rotina da população mudou e muitos se viram isolados em suas casas, junto com seus familiares. Isto contribuiu, em muitos casos, para a diminuição da privacidade, para ambientes mais barulhentos e favoreceu interrupções nos atendimentos. É fundamental citar também os casos em que o paciente era vítima de abuso ou violência por parte de outro morador da mesma casa. Apontam-se a seguir algumas soluções criativas para *settings* precários que surgiram ou que se popularizaram durante a pandemia:

- Fazer o atendimento a partir de locais alternativos, como em praças públicas ou nos cômodos da casa com menos vazamento de som, mesmo que fossem banheiros ou lavanderias;

- Fazer o atendimento via voz somente, no trajeto entre o trabalho e a casa, uma vez que era o único momento em que o paciente estava sozinho e conseguia falar um pouco mais livremente;

- Mulheres vítimas de violência e abuso por alguém no mesmo lar foram orientadas a desenharem ou a escreverem um alerta na própria mão ou num papel, para que pudessem denunciar a situação e conseguir ajuda de forma segura. A campanha Sinal Vermelho contra a Violência Doméstica (AMB, 2021) foi instituída como política pública federal a partir da lei 14.188/2021 (CÂMARA DOS DEPUTADOS, 2021) e uma cartilha de orientação foi disponibilizada no *site* da campanha.

- Carros (estacionados) foram utilizados como local de atendimento, e este *setting* mostrou-se eficiente. O carro oferece um certo conforto, é possível ajustar a posição dos bancos e, acima de tudo, oferece privacidade. Como uma bolha, também favorece o foco do paciente na sessão.

Mesmo após a pandemia de COVID-19, o uso destes *settings* improvisados pode acrescentar à prática profissional do(a) psicólogo(a). Aprendemos que é possível fazer um atendimento psicológico de qualidade em condições outrora consideradas inadequadas. O uso do carro como *setting* é um bom exemplo: ele permite não somente esquivar-nos das intempéries de uma pandemia. Ele é também conveniente quando o trânsito impede que o paciente chegue ao local de atendimento. Outro exemplo relevante seria o de aproveitar o espaço (não a conexão de internet) público para que o paciente/cliente possa mostrar-se ao(a) psicólogo(a) enquanto caminha por uma praça ou um jardim.

OS COMUNICADORES INSTANTÂNEOS COMO PARTE DO *SETTING* DE ATENDIMENTO PSICOLÓGICO

Considerando que, no atendimento presencial, o ambiente físico da sala de espera e, quando há uma secretária(o)/recepcionista são parte do ambiente onde clientes/pacientes e psicólogos(as) se comunicam, qual seria o seu equivalente no ambiente *online*?

No Brasil, a utilização dos comunicadores instantâneos popularizou-se junto com o uso cada vez mais predominante dos *smartphones*. Marcadamente, o brasileiro utiliza em larga escala o WhatsApp, mas também outros como o Telegram. Seja qual for, a comunicação via tais aplicativos passou a figurar também nas trocas entre psicólogos(as) e pacientes, tanto dos serviços *online* quanto dos presenciais. Os aplicativos passaram a fazer parte do *setting*: é através dele que se dão contatos diversos, tanto aqueles mais formais e burocráticos (por exemplo, marcação e cancelamento de consultas) como contatos nos quais há conteúdo mais sensível (por exemplo, quando o paciente envia mensagens, vídeos e/ou fotos relacionados aos temas relevantes do seu atendimento psicológico). Portanto, alguns cuidados devem ser tomados pelo(a) psicólogo(a):

Configurações: Selecionar apropriadamente configurações de privacidade do aplicativo utilizado. Falando do aplicativo mais utilizado no Brasil, o WhatsApp, o(a) psicólogo(a) tem a opção de mostrar ou ocultar quando está *online* e quando esteve *online* no aplicativo pela última vez, assim como pode ou não ativar as confirmações de leitura de mensagens (todas estas opções são encontradas nas configurações de privacidade do WhatsApp). Num exemplo hipotético, quando o(a) psicólogo(a) lê uma mensagem do paciente, mas opta por não respondê-la de imediato, é mais prudente que o paciente não receba a confirmação de mensagem lida e que possivelmente se frustre por não ter obtido uma resposta rápida.

Enquadre: Propor um enquadre específico para a comunicação fora da consulta e responder às solicitações dos pacientes somente quando for adequado de acordo com o serviço prestado: serviços institucionais, de consultório e de plantão psicológico têm moldes diferentes e pedem tempo de resposta diferentes. Isto porque o *app* de comunicação instantânea abre um canal de comunicação praticamente 24 horas por dia, 7 dias por semana, o que pode prejudicar a manutenção de limites na relação entre profissional e paciente, caso não haja um enquadre da maneira como o aplicativo deve ser utilizado.

Comunicação por escrito, por áudio e por vídeo: É importante ter em mente que toda e qualquer mensagem enviada para qualquer pessoa pode, em certas circunstâncias, configurar um documento, inclusive um documento jurídico. Este já era o caso do e-mail, antes mesmo da existência de *smartphones*. Sendo assim, o(a) psicólogo(a) deve cuidar da forma que se comunica e avaliar como é sua comunicação via escrita ou mesmo via recados de voz e vídeo, buscando aprimorá-las caso necessário. Uma regra útil para ser incluída no contrato de trabalho com os pacientes é a de não se gravar as sessões — já há recursos de gravação disponíveis nos softwares de videoconferência — protegendo o seu conteúdo e resguardando o(a) psicólogo(a) e paciente de possíveis exposições indevidas.

O SETTING HÍBRIDO

A partir da experiência que os(as) psicólogos(as) e seus pacientes ganham com o atendimento *online*, mais eles aderem a esta nova forma de trabalhar juntos. Isto ficou evidente e foi bastante intensificado durante a pandemia de COVID-19. Mesmo após a fase crítica da pandemia e com o fim das medidas mais restritivas de cuidados e de isolamento social, os modelos de trabalho, em muitos casos, foram mantidos. Quanto à psicologia, podemos afirmar que, com certa frequência, o *setting* de trabalho é hoje híbrido, ou seja, o trabalho com um mesmo paciente composto por atendimentos presenciais, atendimentos *online* — com todas as suas vicissitudes — e comunicação via comunicador instantâneo.

CONSIDERAÇÕES FINAIS

Os atendimentos psicológicos *online* são agora parte intrínseca da atuação do(a) psicólogo(a). Portanto, faz-se fundamental fomentar a discussão sobre suas especificidades. Dondanvile *et al.* (2020) apontam que mesmo com a presença do uso da tecnologia na atuação dos profissionais, este aspecto não estava suficientemente incorporado no treinamento dos mesmos. No Brasil, onde as universidades e faculdades de psicologia estão somente nos últimos anos incorporando o tema do atendimento *online* em seus currículos de ensino, ocorre fato semelhante. Segundo Fleury (2020), somente uma minoria de profissionais estava preparada tecnicamente para atender *online* quando da chegada da pandemia de COVID-19.

No presente capítulo, foram expostas as características particulares do atendimento psicológico via internet. A partir do que foi colocado, ficou evidente que há diferenças substanciais entre o contexto do atendimento virtual e o ambiente tradicional presencial. A tarefa de discernir as particularidades inerentes ao domínio do atendimento *online*, recai sobre o profissional de psicologia. A mera transposição dos modelos de atendimento convencional para o ambiente virtual carece de uma adaptação cuidadosa e sensível, devido às demandas singulares que surgem nesse novo cenário. Além disso, é responsabilidade do(a) psicólogo(a) proporcionar ao paciente ou cliente, estratégias e abordagens que permitam uma participação efetiva no processo terapêutico *online*, e também orientá-lo na identificação e adoção dessas soluções.

O capítulo adentra à discussão sobre a utilização de aplicativos de mensagens instantâneas, cuja preponderância nas interações interpessoais é inegável e que tem ganhado relevância na comunicação entre profissionais de psicologia e seus pacientes. Observa-se que, nessas plataformas, notadamente no caso do WhatsApp, amplamente adotado no cenário brasileiro, o uso frequente de mensagens escritas e de voz prevalece.

Tais formas de comunicação (via texto ou via voz) são menos precisas do que a comunicação face a face, uma vez que o interlocutor não tem a expressão corporal e facial do emissor da mensagem como auxiliar para interpretar o que é dito. Nas mensagens de texto, o interlocutor também não tem o tom de voz. Sendo assim, a comunicação via voz ou texto dá mais margem a erros de interpretação. Aos(as) psicólogos(as) cabe atenção especial àquilo que é escrito ou falado, uma vez que sua comunicação com pacientes deve ser clara, objetiva e o mais livre de distorções quanto possível.

Por fim, cabe ressaltar que a área do atendimento psicológico *online* é relativamente nova no campo da ciência psicológica e deve continuar sendo desenvolvida e pesquisada.

EXERCÍCIOS DE FIXAÇÃO

- A partir do presente capítulo, comente as semelhanças e as diferenças entre o atendimento psicológico presencial e o atendimento psicológico *online*.
- Imagine que você vai iniciar o atendimento *online* de um adulto no seu consultório e você quer passar a ele algumas orientações a respeito da forma como acontece o atendimento. Escreva em um ou dois parágrafos um texto que poderia ser enviado para o paciente por WhatsApp.

REFERÊNCIAS

AMB – Associação dos Magistrados Brasileiros. Sinal Vermelho. Rio de Janeiro, 2021. Disponível em https://sinalvermelho.amb.com.br. Acesso em 20/08/2023.

BRASIL. Lei nº 14.188, de 28 de julho de 2021. Dispõe sobre o combate ao bullying e ao cyberbullying, alterando a Lei nº 9.394, de 20 de dezembro de 1996 (Lei de Diretrizes e Bases da Educação Nacional), o Decreto-Lei nº 2.848, de 7 de dezembro de 1940 (Código Penal), e o Decreto-Lei nº 3.689, de 3 de outubro de 1941 (Código de Processo Penal). **Diário Oficial da União**, Brasília, DF, 29 jul. 2021. Disponível em: https://www2.camara.leg.br/legin/fed/lei/2021/lei-14188-28-julho-2021-791620-publicacaooriginal-163244-pl.html.

BRUCE, M. A.; MAURYA, R. K.; THERTHANI, S. Counselors' Perceptions of Distance Counseling: A National Survey. **J. Asia Pac. Couns.**, v. 10, n. 2, p. 1-22, ago. 2020. Disponível em https://www.researchgate.net/profile/Rakesh-Maurya-3/publication/343995663_Counselors'_Perceptions_of_Distance_Counseling_A_National_Survey/links/5f4d2be1a6fdcc14c5f99ef9/Counselors-Perceptions-of-Distance-Counseling-A-National-Survey.pdf. Acesso em 20/08/2023.

CÂMARA DOS DEPUTADOS. **Legislação Informatizada – LEI Nº 14.188, DE 28 DE JULHO DE 2021 – Publicação Original.** Brasília, 2021. Disponível em https://www2.camara.leg.br/legin/fed/lei/2021/lei-14188-28-julho-2021-791620-publicacaooriginal-163244-pl.html. Acesso em 20/08/2023.

CASTRO, E. H.; COSTA, L. V.; DA SILVA, K. F.; FERREIRA, B.; ROCHA, V. M. Atendimentos Psicológicos durante a Pandemia da COVID-19: uma revisão sistemática. **Psicologia, Educação e Cultura**, v. XXV, n. 3, p. 22-37, dez. 2021. Disponível em: https://comum.rcaap.pt/bitstream/10400.26/38530/1/PEC%20Dezembro%20de%202021-p%c3%a1ginas-23-38.pdf. Acesso em 17/08/2023.

CETIC – Centro Regional para Estudos para o Desenvolvimento da Sociedade da Informação. **Pesquisa sobre o Uso das Tecnologias de Informação e Comunicação nos Estabelecimentos de Saúde Brasileiros – TIC Saúde 2022.** São Paulo, 2022. Disponível em: https://cetic.br/pt/pesquisa/saude/indicadores/. Acesso em 17/08/2023.

CONSELHO FEDERAL DE PSICOLOGIA. **Código de Ética Profissional do Psicólogo.** Disponível em: https://transparencia.cfp.org.br/wp-content/uploads/sites/30/2022/05/codigo-de-etica-psicologia-2.pdf.

CONSELHO FEDERAL DE PSICOLOGIA. **Resolução do Exercício Profissional nº 4/2020: Dispõe sobre a regulamentação de serviços psicológicos prestados por meio de tecnologia da informação e da comunicação durante a pandemia do COVID-19.** 2020. Disponível em: https://atosoficiais.com.br/cfp/resolucao-do-exercicio-profissional-n-4-2020-dispoe-sobre-regulamentacao-de-servicos-psicologicos-prestados-por-meio-de-tecnologia-da-informacao-e-da-comunicacao-durante-a-pandemia-do-covid-19?origin=instituicao&q=04/2020.

DONDANVILLE A., JANG H., JANG Y., NA G., WOO H. A Content Analysis of the Counseling Literature on Technology Integration: American Counseling Association (ACA) Counseling Journals between 2000 and 2018. **Int J Adv Counselling**, v. 42, n. 3, p. 319-333, jul. 2020. Disponível em: https://link.springer.com/article/10.1007/s10447-020-09406-w. Acesso em 20/08/2023.

FITZSIMMONS-CRAFT, E. E., GRAHAM A. K., TAYLOR C. BARR. Digital technology can revolutionize mental health services delivery: The COVID-19 crisis as a catalyst for change. **Int J Eat Disord.**, v. 53, n. 7, p. 1155-1157, jul. 2020. Disponível em: https://www.ncbi.nlm.nih.gov/pmc/articles/PMC7280562/. Acesso em 20/08/2023.

FLEURY, H. J. Psicodrama e as especificidades da psicoterapia online. Revista Brasileira de Psicodrama. **Rev. Bras. Psicodrama**, São Paulo, v28, n. 1, p. 1-4, jan./abr., 2020. Disponível em: https://revbraspsicodrama.org.br/rbp/article/view/406. Acesso em 20/08/2023.

SITUMORANG, D. D. B. Online/Cyber Counseling Services in the COVID-19 Outbreak Are They Really New? **Journal of Pastoral Care & Counseling**, Vol. 74(3), 166-174, 2020.

Montagem do Consultório virtual: passo a passo

Andrea Jotta,
João Victor Rezende dos Santos,
Ivelise Fortim

INTRODUÇÃO

O propósito deste texto é apresentar um pequeno passo a passo de como o(a) psicólogo(a) iniciante deve montar seu *setting* virtual. Aborda os principais itens e preocupações para o início dos atendimentos. O padrão descrito a seguir apresenta o modelo mais utilizado no atendimento de adultos, maiores de 18 anos, e que tenham habilidades com a tecnologia.

CADASTRO NO E-PSI

A primeira coisa que precisa ser feita, para começarmos um atendimento *online*, no Brasil, até o momento, é o cadastro na Plataforma E-psi. Esta plataforma é do Conselho Federal de Psicologia (CFP), que registra os(as) psicólogos(as), que tendo o aval do CFP, que farão atendimento psicológico de forma *online*. Esta inscrição é obrigatória e pode ser feita no *site* do E-psi: https://e-psi.cfp.org.br/ (CFP, 2018).

HABILIDADES TECNOLÓGICAS

Quando se fala de atendimento psicológico *online*, pensa-se sobre as condições e habilidades digitais do paciente, mas também é importante nos debruçarmos sobre as condições objetivas do(a) psicólogo(a).

Recomenda-se que o terapeuta tenha, ou adquira, conhecimentos tecnológicos atualizados, para que em caso de problemas técnicos durante a sessão (seja por parte do terapeuta quanto por parte do paciente) o terapeuta consiga solucioná-lo (Souza; Silva; Monteiro, 2020).

É importante garantir que a pessoa atendida também tenha habilidade com a tecnologia e saiba operar as ferramentas necessárias para o atendimento.

VESTIMENTA ADEQUADA

É importante que o profissional esteja vestido por inteiro, de forma adequada, da mesma forma que se vestiria para um atendimento presencial. Pacientes, caso necessário, podem ser instruídos a fazerem o mesmo. Como o atendimento geralmente é em casa, os pacientes podem não estar vestidos adequadamente, e caso haja questões nesse sentido, é preciso informar que o atendimento deve ocorrer da mesma forma que seria caso estivesse em uma consulta presencial (Yellowlees e Shores, 2018).

MONTAGEM DO *SETTING* E DISPOSITIVOS TECNOLÓGICOS

Para o bom andamento das sessões, recomenda-se que os psicólogos que adotarem essa modalidade, em primeiro lugar, construam um consultório virtual, ou seja, que garantam que possuem um espaço, equipamentos e condições adequadas para o atendimento.

Quanto ao equipamento, o terapeuta pode optar por atender através do computador, notebook ou celular, atentando-se ao conforto postural. Para garantir estas condições, o terapeuta pode fazer uso de móveis, como mesas ou suportes adequados, para sustentar os materiais e tomar cuidado com a iluminação (Silva; Costa; Barbosa, 2022).

Além do conforto postural, é importante que o terapeuta se atente as questões de sua imagem e som, escolhendo um equipamento que tenha uma boa qualidade de imagem e som, além de tomar cuidado com a iluminação, posicionamento da câmera, vestes e cenários para uma imagem melhor e mais limpa, minimizando também possíveis distrações (Silva; Costa; Barbosa, 2022). Iluminação fraca ou áudios com ruídos ou chiados, podem atrapalhar a comunicação entre paciente/cliente e terapeuta, prejudicando em consequência o processo de entendimento entre ambas as partes.

No que diz respeito a imagem e som, o terapeuta também precisa ficar atento a qualidade de sua internet, para viabilizar o atendimento (Silva; Costa; Barbosa, 2022), pois mesmo com bons equipamentos, se não houver uma conexão com a internet de boa qualidade, som e imagem sofrem uma queda na qualidade.

É recomendado com frequência utilizar um cenário constante e neutro. Um cenário neutro evita distrações desnecessárias durante a sessão, permitindo que o foco esteja no diálogo entre o terapeuta e o paciente. Além disso, um cenário constante ajuda a estabelecer um ambiente mais previsível e confortável para o paciente, o que pode ajudá-lo a se sentir mais seguro e confiante durante a sessão (Bittencourt *et al.*, 2020). Se optar por um cenário digital (com uso de tela verde), evite fundos que tem animação, pois podem distrair os pacientes.

É aconselhável o uso de fones de ouvido em todas as ocasiões para evitar o vazamento de som, mesmo que o terapeuta esteja sozinho no local de atendimento (Souza; Silva; Monteiro, 2020). Importante verificar os barulhos no local onde os atendimentos acontecerão e caso os barulhos sejam inevitáveis (como no caso de uma reforma, por exemplo), monte estratégias que permitam o controle dos barulhos externos, e explique a situação ao paciente/cliente. Também é importante montar estratégias que evitem a interrupção do atendimento (tais como campainhas, entregas etc.). Equipamentos específicos para *Gamers* (como fones de ouvido e microfones) e equipamentos semiprofissionais (como câmeras) devem ser considerados, dado que apresentam maior qualidade de áudio e vídeo.

ESCOLHA DO APLICATIVO DE VIDEOCHAMADA

O aplicativo de videochamada é o sistema por onde a comunicação entre psicólogo(a) e paciente/cliente se dará. É o local dentro da internet, onde eles se encontrarão. A plataforma escolhida deve levar em consideração alguns fatores, como o conhecimento e facilidade no manuseio tanto do terapeuta quanto do paciente (Souza; Silva; Monteiro, 2020).

Outro fator importante que o(a) psicólogo(a) deve se ater ao escolher as plataformas de comunicação que usará em seus atendimentos, é escolher as plataformas que garantam o sigilo da informação, evitando as plataformas que trabalham com exploração de dados pessoais (Souza; Silva; Monteiro, 2020). Garantir o sigilo e privacidade também é responsabilidade do terapeuta, tal qual está posto no Código de Ética Profissional do Psicólogo (2005).

Sabemos que na Internet nada fica cem por cento seguro, mas tanto o(a) psicólogo(a) quanto o paciente, devem ser esclarecidos sobre as medidas que podem tomar para manter os dados pessoais o mais seguros possível.

Segundo a Resolução do CFP nº 11/2018, é dever do(a) psicólogo(a) prestar esclarecimentos sobre os recursos tecnológicos utilizados para garantir o sigilo das informações.

Informações sobre as plataformas de atendimento são mais bem aprofundadas no texto "Plataformas de atendimento: vantagens e desvantagens".

PLATAFORMAS DE GERENCIAMENTO DE CONSULTÓRIO

Existem diversas plataformas de gerenciamento de consultório, que são utilizadas por psicólogos(as) e outros profissionais da área da saúde. Não é a proposta deste tópico dizer qual plataforma deve ser utilizada, mas explicar a funcionalidade destas e quais pontos o(a) psicólogo(a) deve estar atento em sua escolha.

As plataformas, em sua grande maioria, oferecem: criação e gerenciamento de prontuários eletrônicos de pacientes; automatização de tarefas, como agendamento, confirmações e gestão de prontuários; controle financeiro, incluindo processos de cobranças; acesso fácil às informações de prontuários; funcionalidades de agendamento; segurança dos dados dos pacientes, com recursos de criptografia e proteção contra vazamentos; acessível em diferentes dispositivos, como computadores, *tablets* e *smartphones*; algumas oferecem integração com outras ferramentas e sistemas, como WhatsApp e *softwares* financeiros, para melhorar a eficiência; plataforma de atendimento remoto; Algumas oferecem recursos de comunicação com os pacientes para reduzir faltas.

Todas as ferramentas supracitadas dentro destas plataformas de gerenciamento podem e são muito úteis para os(as) psicólogos(as), porém cabe ao terapeuta debruçar sua atenção sobre os termos de uso, para poder escolher uma plataforma que siga as diretrizes vigentes do CFP (2018; 2019), do CEPP (2005) e da LGPD (2018).

PONTUALIDADE

É importante garantir que os equipamentos estão funcionando adequadamente, então recomenda-se estar disponível para o atendimento um pouco antes do início, para a garantia das condições. Também é importante dizer que, no atendimento *online*, apesar do número de faltas ser diminuído por conta da minimização de problemas externos (como trânsito, por exemplo), este é suscetível a atrasos. Por estar em casa, o terapeuta precisa garantir que não se atrasará por estar com outras demandas da casa, da família etc. Também é importante encerrar os atendimentos no prazo determinado, para não prejudicar o bom andamento das sessões (Yellowlees e Shore, 2018).

CONTRATO

Na resolução do CFP nº 11/2018, não há uma obrigatoriedade de contrato escrito, mas o(a) psicólogo(a) que optar pelos atendimentos *online*, deve fornecer ao paciente informações o mais detalhadas possíveis sobre o serviço prestado. Os contratos ou acordos escritos são utilizados porque são considerados mais eficazes, deixando mais claro para paciente e terapeuta de como o processo deve acontecer. Os contratos por escrito podem ser revistos, sempre que algum desentendimento sobre o acordado surgir no processo terapêutico.

O contrato verbal ou escrito, visa documentar e salvaguardar tanto o paciente quanto o terapeuta de possíveis problemas, ou diferenças de entendimentos, sobre como, onde, ou para que aquele serviço está sendo ofertado, e como deve ser pago (Souza; Silva; Monteiro, 2020). Os contratos visam definir dia, horário, tempo de sessão, faltas, pagamentos, atrasos no pagamento, regras para desmarque e remarcação, férias, manutenção do sigilo, coleta de dados do paciente, formas de comunicação, contatos de emergência em momentos de crise, contato (ou não) nas redes sociais, forma de envio de documentos, plataforma de atendimento, entre outros.

É no contrato/acordo que deverão constar informações como nome, números de documentos, endereços e contatos do paciente e do terapeuta, assim como números de emergência, ou rede de apoio ao paciente, principalmente em casos em que os manejos de crises se fazem necessários (Souza; Silva; Monteiro, 2020).

O que deve conter no contrato foi mais bem aprofundado no capítulo "Legislações sobre atendimento *online*: Resoluções e Lei Geral de Proteção de Dados", mas vale aqui ressaltar que o(a) psicólogo(a) deve sempre estar atendo as resoluções e leis vigentes ao construir e utilizar seu contrato/acordo, lembrando que o contrato vai variar de acordo com o serviço prestado. Existem modelos de contratos prontos, mas sugere-se que o psicólogo consulte um profissional de advocacia para a verificar se estão de acordo com a legislação vigente.

PRECIFICAÇÃO E PAGAMENTO

A precificação do trabalho é uma parte importante do processo da atuação do(a) psicólogo(a), seja atendimento de crianças, casais, avaliação psicológica, orientação profissional etc. Para isso, será apresentado algumas questões importantes que o(a) psicólogo(a) deve levar em conta para evitar ser onerado financeiramente em sua atuação.

Contabilização dos custos: Um dos fatores no qual devem ser pautados os valores dos serviços, é ter claro quais são os custos para a efetivação deste (Dubois, Kulpa, Souza, 2023). Pensando especificamente nos atendimentos *online*, deve-se levar em conta os materiais e ferramentas para a formação e manutenção do serviço prestado, como: assentos, aparelhos de som e imagem, energia, internet, plataformas de vídeo chamada, aplicativos lúdicos etc. Vale ressaltar também os gastos com a formação continuada e/ou supervisão.

Distinguir o que está incluso ou não no valor cobrado: Durante a prestação do serviço, pode ser identificado uma demanda além do que combinado no início, e o paciente precise de outros instrumentos e ferramentas (Dubois,

Kulpa, Souza, 2023). Nesta situação é importante que, desde o enquadramento na hora de falarem sobre valor, fique claro o que está ou não incluso, e que novas ações demandarão novas cobranças, se aceito fazer os novos procedimentos.

Levar em conta a necessidade de reajuste: O preço dos produtos, bem como do salário mínimo, sofrem reajustes por questões políticas, econômicas e sociais. Neste processo, é importante que o(a) psicólogo(a) considere e discuta com o paciente o reajuste dos valores cobrados com o passar do tempo.

Antes de findar está discussão, é importante destacar que o CFP e os CRPs disponibilizam em seus *sites* oficiais uma tabela com valores de honorários, que norteiam o(a) psicólogo(a) quanto a base de valor a ser cobrado por diferentes serviços que o profissional da psicologia pode realizar.

Ressalta-se que, de acordo com o Código de Ética Profissional do Psicólogo (2005), quando o profissional define o preço pelo seu trabalho, ele deve considerar uma cobrança justa com o serviço prestado, determinando o valor com base na natureza do serviço e comunicar o paciente antes de iniciar, assegurando sempre a qualidade do serviço, independentemente do acordo financeiro.

É importante que o terapeuta também faça acordo com seu paciente como serão feitos os pagamentos dos atendimentos (Souza; Silva; Monteiro, 2020; Gilbertson, 2020), incluindo: Dia que será feito o pagamento; se o pagamento será mensal, quinzenal ou semanal; através de qual meio o pagamento será realizado (PIX, Transferência Bancária, ou outras vias). Regras sobre ausência de pagamentos e atrasos também devem constar.

Existem algumas plataformas que intermedeiam o contato entre terapeutas e pacientes, e algumas destas podem intermediar esse recebimento de pagamento, recebendo do paciente e repassando ao(a) psicólogo(a).

DOCUMENTAÇÃO

De acordo com a Resolução do CFP n° 06/2019, documentos oriundos dos atendimentos psicológicos — sejam eles *online* ou não —, devem ser entregues ao beneficiário do serviço psicológico prestado, ao seu responsável legal e/ou ao solicitante.

Nesta resolução supracitada, encontram-se orientações para a elaboração de seis tipos de documentos provenientes do exercício profissional do(a) psicólogo(a), sendo estes: declaração; atestado psicológico; relatório psicológico; relatório multiprofissional; laudo psicológico; parecer psicológico.

No que diz respeito ao encaminhamento, estes podem ser feitos através do Laudo Psicológico ou do Relatório Psicológico, lembrando que os documentos criados pelo(a) psicólogo(a) para a comunicação com outros profissionais devem incluir estritamente as informações necessárias para justificar o encaminhamento.

As técnicas utilizadas para coleta de informações oriundas da atuação do(a) psicólogo(a) que gerarão os dados para a emissão de qualquer um dos documentos supracitados, podem ser realizados de forma *online*, considerando as devidas adequações para o objetivo do procedimento, tal qual está na Resolução do CFP n° 11/2018.

Quando o documento é físico, o(a) psicólogo(a) tem a obrigação de protocolar a entrega do documento com a assinatura do solicitante, comprovando assim o recebimento e a responsabilização pelo uso e sigilo das informações contidas no documento (CFP, 2019). No caso do atendimento *online*, ele pode ser enviado pelo correio.

Em alguns casos, não há a possibilidade de o terapeuta entregar o documento físico ao solicitante, sendo permitido pelo CFP, a entrega *online*, no qual o terapeuta precisa se atentar a duas questões: 1) é obrigatório a assinatura (certificação) digital do profissional; 2) protocolo de entrega (podendo ser a confirmação, do solicitante, de recebimento do documento através do próprio endereço de correio eletrônico ao qual o documento foi enviado) (CFP, 2019). Sugere-se o uso de assinaturas digitais de fácil comprovação, como o sistema Assinatura Eletrônica do Governo Digital, pelo aplicativo e.gov.

PRIVACIDADE

Dentre os desafios encontrados por psicólogos(as) no atendimento através das TICs, um deles é a dificuldade na manutenção da privacidade e sigilo do paciente, tendo em vista que o paciente pode ter outras pessoas em casa, ou por perto que possam ouvir seu atendimento (Silva; Costa; Barbosa, 2022).

Ao entrar em contato com o paciente, o terapeuta precisa acordar com este como serão conduzidos e realizados os atendimentos, para que seja garantido a privacidade e sigilo, tal qual está preconizado no Código de Ética Profissional do Psicólogo (2005).

O(a) psicólogo(a) deve salientar ao paciente que este deve estar sozinho e ter privacidade no cômodo em que escolheu para ter o atendimento. Caso o paciente não tenha privacidade na própria residência, trabalhar com ele quais serão as estratégias utilizadas para a manutenção do sigilo das informações. Neste sentido, o(a) psicólogo(a) deve informar que locais públicos não devem ser utilizados, contudo, o terapeuta e o paciente podem avaliar alguns locais, caso não haja possibilidade de privacidade.

Para a garantia de um bom atendimento através das TICs, o terapeuta deve também acordar com o paciente que, durante as sessões, o paciente tome alguns cuidados para que não seja interrompido.

O paciente não deve estar acompanhado de crianças pequenas, pois estas podem ouvir o atendimento, ou suscitar atenção durante a sessão. Solicitar ao cliente que não faça nenhuma outra atividade simultânea ao atendimento, como: atividades *online* (verificar as redes sociais, por exemplo); cozinhar; caminhar; dirigir; entre outros (Schmidt *et al.*, 2020).

Lembrar ao paciente que as contas e aparelhos devem ser pessoais do paciente e não compartilhados com outras pessoas, pois o compartilhamento de contas e senhas pode causar violação na privacidade das informações e sessões. O paciente deve se responsabilizar pelo sigilo das informações em seu dispositivo de atendimento, seja este o computador ou o celular (Schmidt *et al.*, 2020; Silva; Costa; Barbosa, 2022).

É primordial explicar ao paciente a importância de dar foco ao atendimento e que determinadas situações podem inviabilizar o atendimento, e que caso o paciente não esteja cumprindo as condições de sigilo mínimas acordadas para o atendimento, não será possível continuar os atendimentos de forma *online*.

Também cabe lembrar que não é recomendada a gravação de sessões, pela dificuldade da guarda do material (seja pelo terapeuta, seja pelo paciente). Também é importante esclarecer que o material da sessão está sob sigilo e não deve ser divulgado.

LIMITES NO RELACIONAMENTO

É importante garantir que haja limites na comunicação entre terapeuta- paciente. Nos atendimentos *online* a expectativa é sempre de receber resposta rápida, e, portanto, devem ser combinadas regras de interação, envio de material (áudio, fotos, vídeos) etc. Na medida do possível, a comunicação por escrito deve limitar-se a marcação e remarcação de consultas, sendo que as demais interações devem ser feitas de maneira síncrona. É necessário dizer aos pacientes como e quando eles podem contactar. Também é recomendado instruí-los de que não deixem mensagens longas, tanto pela dificuldade da manutenção do sigilo quanto pela impossibilidade de atender rapidamente. Se o paciente quiser discutir algo, o mais recomendado é uma chamada de vídeo ou o uso do telefone. Comunicações urgentes podem ser feitas via telefone, e é necessário informar que, devido a outras atividades profissionais, o contato pode não ser imediato (Yellowlees e Shore, 2018).

PLANO DE EMERGÊNCIA

Caso terapeutas e pacientes não estejam na mesma localização, é necessário estabelecer um plano de emergência para pacientes em risco. Para pacientes em risco, o terapeuta deve possuir o contato de familiares ou amigos que possam ajudar em caso de crise; conhecimento do território do paciente, e locais onde ele possa ser atendido em momentos de crise; contato de profissionais que estão no local do paciente (Yellowlees e Shore, 2018). Caso o paciente esteja no exterior é importante que o terapeuta compreenda como funciona a rede de apoio e suporte no país específico.

CONSIDERAÇÕES FINAIS

Esse capítulo se propôs deixar a(o) psicoterapeuta munida(o) das informações básicas para a prática do atendimento através das TICs. Nos próximos capítulos serão aprofundados cada um dos assuntos levantados aqui, e trazer as singularidades de diferentes modalidades de atendimento e usuários.

O atendimento psicológico *online* tem diversas singularidades, resoluções do CFP e outras legislações, que a princípio pode ser desafiador para o(a) psicólogo(a) que deseja (ou precisa) ingressar no atendimento *online*, mas ter flexibilidade frente ao fenômeno humano e aos fenômenos sociais, é uma característica intrínseca do fazer na psicologia. Além disso, é importante ter-se claro que toda a legislação e regulamentação não tem o intuito de atrapalhar a prática da(o) psicóloga(o), mas resguardar a(o) terapeuta e os beneficiários dos serviços psicológicos. Sugere-se que o profissional acompanhe normas de atendimento e legislação *online*, que podem ser alteradas.

EXERCÍCIOS DE FIXAÇÃO

- Levando em consideração todo o exposto deste capítulo e sua abordagem de atendimento e o público que deseja atender, faça um texto justificando as escolhas para confecção do *setting* terapêutico (plataforma a ser usada; materiais; instrumentos; cenário; vestimenta etc.), refletindo como cada escolha impactará no atendimento.

- Com base nas informações deste capítulo, escreva um texto-roteiro, de como você faria o acordo dos atendimentos na forma verbal, ou seja, em um texto menos formal e acessível a pessoas que não são profissionais da psicologia/psiquiatria.

REFERÊNCIAS

BITTENCOURT, H. B; RODRIGUES, C. C.; SANTOS, G. L.; SILVA, J. B.; QUADROS, L. G.; MALLMANN, L. S.; BRATKOWSKI, P. S.; FEDRIZZI, R. I. Psicoterapia online: uma revisão de literatura. **Diaphora**. Porto Alegre, v. 9 (1), 2020. Disponível em: <http://www.sprgs.org.br/diaphora/ojs/index.php/diaphora/article/view/202>. Acesso em: 23 de abril de 2022.

BRASIL. Lei nº 13.709, de 14 de agosto de 2018. **Lei Geral de Proteção de Dados (LGPD)**. Disponível em: <https://www.planalto.gov.br/ccivil_03/_ato2015-2018/2018/lei/l13709.htm>. Acesso em: 01 de abril de 2021.

CONSELHO FEDERAL DE PSICOLOGIA. **Código de Ética Profissional do Psicólogo.** Conselho Federal de Psicologia, agosto de 2005. Disponível em: <https://site.cfp.org.br/wp-content/uploads/2012/07/codigo-de-etica-psicologia.pdf>. Acesso em: 20 de março de 2023.

CONSELHO FEDERAL DE PSICOLOGIA. **Resolução nº 11/2018 comentada, de 11 de maio de 2018.** Disponível em: <https://e-psi.cfp.or g.br/wp-content/uploads/2018/11/Resolu%C3%A7%C3%A3o-Comentada-Documento-Final.pdf>. Acesso em: 23 de abril de 2022

CONSELHO FEDERAL DE PSICOLOGIA. **Resolução nº 06/2019 comentada**, de 11 de setembro de 2019. Conselho Federal de Psicologia, 11 de setembro de 2019. Disponível em: <https://site.cfp.org.br/wp-content/uploads/2019/09/Resolu%C3%A7%C3%A3o-CFP-n-06-2019-comentada.pdf>. Acesso em: 23 de abril de 2022.

DUBOIS, A.; KULPA, L.; SOUZA, L. E. **Gestão de Custos e Formação de Preços – Conceitos, Modelos e Ferramentas**. Atlas; 4ª edição. E-book. 2023.

FRETTA, D. S. **LGPD: Principais Aspectos e sua Implementação na Área da Saúde** (Monografia). Trabalho de Conclusão de Curso, Centro Universitário Sociesc de Blumenau – UNISOCIESC, BLUMENAU, 2021. Disponível em: <https://repositorio.animaeducacao.com.br/handle/ANIMA/20852>. Acesso em: 23 de abril de 2022.

GILBERTSON, J. **Telemental Health: The Essential Guide to Providing Successful Online Therapy**. E-book. PESI Publishing & Media. 2020.

GILCHRIST, K. M., *et al*. Internet-Delivered Cognitive Behavioral Therapy for Depression in Rural Adults: A Randomized Controlled Trial. **Journal of Medical Internet Research,** 19(8), e267. 2017. Disponível em: https://www.jmir.org/2017/8/e267/. Acesso em: 04 mai. 2023.

HALDER, S. *et al*. Implication of online-based brief psychotherapy in anxiety spectrum disorder during COVID-19 pandemic. **Annals of Indian Psychiatry**, [s.l.], v. 6, n. 4, p. 269-274, oct. 2022. ISSN 2394-2053. Disponível em: https://www.aipronline.org/article.asp?issn=2589=9171-;year2022=;volume6=;issue4=;spage269=;epage274=;aulast-Halder. Acesso em: 4 mai. 2023.

MELO, L. B., COUTINHO, M. P.; PRADO, L. B. Terapia Online: Uma análise das práticas clínicas durante a pandemia da COVID-19. **Revista Brasileira de Terapias Cognitivas**, v. 16, n. 2, p. 1-15, 2020.

SCHMIDT, B.; SILVA, I. M. da.; PIETA, M. A. M.; CREPALDI, M. A.; WAGNER, A. Terapia Online com Casais e Famílias: Prática e Formação na Pandemia de COVID – **Psicologia: Ciência e Profissão**, v. 40, n. Psicol. cienc. prof., 2020 40, p. e243001, 2020. Disponível em: <https://www.scielo.br/j/pcp/a/wfMjRw8TW7LGJ7Gqgpcy3Wk/#>. Acesso em: 23 de abril de 2022.

SILVA, J. F. M.; COSTA, R. C.; BARBOSA, J. F. A. **Psicologia na era digital: desafios e estratégias de comunicação em atendimentos psicoterápicos online.** (Monografia) Trabalho de conclusão de curso, Faculdade Pernambucana de Saúde – FPS. 2022. Disponível em: <http://tcc.fps.edu.br:80/jspui/handle/fpsrepo/1303>. Acesso em: 23 de abril de 2022.

SIMPSON, S., BELL, L., KNOX, J., MITCHELL, D., & NGUYEN, T. Psychological Therapy by Videoconferencing: A Systematic Review. Psychological Bulletin, 147(5), 439–474. 2021.

SIMPSON, S., REID, C.; THORNE, K. Telepsychology during a time of crisis: COVID-19 and the rapid transition to telepsychology service delivery. **Australian Psychologist,** 55(3), 253-263. 2020.

SOUZA, V. B.; SILVA, N. H. L. P.; MONTEIRO, M. F. **Psicoterapia online: manual para a prática clínica.** 1a ed. Curitiba: Ed. das Autoras 2020.

YELLOWLEES, Peter; SHORE, Jay H. Telepsychiatry and Health Technologies: A Guide for Mental Health Professionals. Edição ilustrada. American Psychiatric Pub, 2018. ISBN 1615371605, 9781615371600.

Plataformas de atendimento: vantagens e desvantagens

Katty Zúñiga

INTRODUÇÃO

Quando a pandemia de COVID-19 foi decretada em março de 2020, os atendimentos psicológicos presenciais tiveram que deixar de ser oferecidos. Pacientes novos e existentes passaram a ser atendidos exclusivamente *online*. Inicialmente achava-se que tudo voltaria "ao normal" em um tempo relativamente curto, entretanto as restrições duraram dois anos. Com o fim da pandemia decretado, os consultórios foram reabertos e aqueles que assim desejaram, conseguiram voltar ao atendimento presencial. Mas é notório que a pandemia deixou um legado que transformou a maneira como os(as) psicólogos(as) trabalham. Essa transformação profundamente agilizada pela crise sanitária da COVID-19 se deve ao interesse dos pacientes e dos(as) próprios(as) psicólogos(as). Descobriu-se, ainda que a contragosto, que era possível atender ou ser atendido com qualidade onde quer que se estivesse. E a comodidade falou mais alto.

Do lado dos(as) psicólogos(as), além das já citadas vantagens no ganho de tempo e praticidade, há também o benefício de se poder atender pacientes que estejam literalmente em qualquer lugar do mundo. Também passam a ser contemplados pacientes de pequenas cidades, que gostariam de ser atendidos por profissionais de outros centros urbanos. Isso vale para novos pacientes que vivem em outras localidades, como para os que já existiam e que se mudaram ou estão em alguma viagem. Há também aqueles pacientes cujo atendimento era presencial antes da pandemia e que decidiram continuar *online* após os consultórios terem sido reabertos, após o fim da crise sanitária. Criou-se ainda uma modalidade híbrida, em que, dentro da conveniência de ambos, parte dos atendimentos é feita de maneira presencial e a outra parte acontece *online*.

Considerando o longo tempo em que os consultórios permaneceram fechados pelas medidas de distanciamento social contra a COVID-19, observa-se que alguns(mas) psicólogos(as) formados nesse contexto oferecem apenas atendimento *online*, sem nunca terem feito um atendimento presencial. Alguns se sentem totalmente adaptados e confortáveis com esse cenário, e nem sequer pensam em montar um consultório para atendimentos presenciais. Isso é algo sem precedentes na história da Psicologia.

Da mesma forma, muitos profissionais relatam que alguns pacientes que iniciaram seu processo terapêutico de forma *online* ou migraram para essa modalidade ficaram tão adaptados a ela, que nem cogitam um atendimento presencial.

De certa forma, isso democratizou o acesso à psicologia, com profissionais atendendo pessoas de outras cidades, estados e até países. É interessante observar também que o canal *online* facilitou o atendimento a pessoas de cidades pequenas onde todos se conhecem, o que às vezes pode levar a algum tipo de preconceito, pois nesses lugares "todo mundo cuida da vida de todo mundo".

Nesse cenário, psicólogos(as) e pacientes que abraçaram as mudanças colhem benefícios, considerando o fato de a tecnologia estar totalmente integrada à vida de todos. Os *smartphones* se tornaram onipresentes e um centro de serviços e comunicação permanente. Com isso, se ganha tempo e praticidade, ao se dispensar, por exemplo, os deslocamentos, particularmente penosos em grandes cidades.

Segundo estudo realizado por Feijó, Silva e Benetti (2018), os atendimentos *online* trouxeram vários impactos positivos para os pacientes, que se sentiam acolhidos, aderiam melhor ao tratamento e percebiam seus psicoterapeutas mais empáticos, porque estavam disponíveis nas mídias sociais.

Naturalmente a experiência de um atendimento *online* não é a mesma da em um consultório. Os(as) psicólogos(as) precisam entender e se apropriar dessas diferenças, aprendendo técnicas específicas.

AS PLATAFORMAS DE ATENDIMENTO

Uma das primeiras decisões que precisam ser tomadas por quem decide atender *online* é qual plataforma usar. Existem várias opções no mercado, algumas delas criadas especificamente para o atendimento psicológico, e cada uma tem suas características, vantagens e desvantagens.

O(a) psicólogo(a) deve conhecer essas alternativas para escolher aquela que melhor atende a suas necessidades e também às de seus clientes. Para essa decisão é preciso levar em consideração que existem modalidades de atendimento "assíncronas", em que as trocas não são instantâneas e podem acontecer até com dias de distância entre uma e outra, e as "síncronas", em que as interações acontecem ao vivo. Nesse último caso, elas podem acontecer por videochamadas, por conversas de áudio ou por trocas de texto (*chat*).

No que diz respeito às relações terapêuticas, em sua maioria, passaram a ser mediadas por transmissão de vídeo via plataformas, *sites* e aplicativos, que permitem construir novas possibilidades de vivenciar experimentos e configurar nova forma de vinculação. As autoras apontam que a falta de alguns recursos, em determinadas situações, pode se revelar como uma oportunidade para a descoberta de outros, tais como utilização de músicas, instrumentos musicais, vídeos e imagens etc., como recursos expressivos. (Silva *et al.*, 2022, p. 249).

No caso dos atendimentos assíncronos, o e-mail serve perfeitamente para as necessidades dessa modalidade. É uma tecnologia amplamente difundida, confiável e dominada por todas as pessoas que usam a Internet. Além disso, permite textos longos (o que é necessário considerando que as trocas podem acontecer com alguns dias de intervalo entre uma e outra) e oferece recursos bem-vindos, como a possibilidade de se anexar arquivos complementares para a compreensão de algum ponto. Outra vantagem é que cada um dos envolvidos pode usar o seu programa de e-mail preferido, pois todos eles são capazes de enviar e receber mensagens que serão entendidas por todos os demais.

É importante notar que, apesar das vantagens acima, os atendimentos "assíncronos" por e-mail, que já foram comuns e mais explorados em anos anteriores, hoje perderam muito espaço para os atendimentos "síncronos", ao vivo.

Esses últimos, por outro lado, exigem que psicólogo(a) e paciente usem a mesma plataforma, pois elas não costumam ser intercambiáveis. Existem diversas delas, de diferentes fabricantes, e todas oferecem a possibilidade de realizar trocas por texto, áudio e vídeo. Basta ligar ou desligar os respectivos recursos (câmera e microfone) da plataforma escolhida para conversar do jeito desejado.

Elas podem ser usadas em um computador, *smartphone* ou *tablet*. Qualquer que seja o caso, recomenda-se que tanto o(a) psicólogo(a) quanto o paciente estejam em um local reservado, sozinhos, para garantir a privacidade do atendimento. Deve-se aconselhar ao paciente que evite, tanto quanto possível, realizar as sessões estando em locais públicos e com outras pessoas à volta, o que pode comprometer seriamente a sua naturalidade e consequentemente os resultados da terapia.

Plataformas de atendimento: vantagens e desvantagens

No momento em que esse texto está sendo escrito, as plataformas de mercado que podem ser usadas para atendimento síncrono mais populares são o Zoom (da empresa de mesmo nome), o Meet (do Google), o Facebook Messenger e o WhatsApp (ambos da Meta).

Para as necessidades padrões de um atendimento psicológico *online*, todos eles funcionam bem. Mas é necessário observar que existem algumas restrições nas versões gratuitas dos produtos. O Zoom, por exemplo, não permite conversas maiores que 40 minutos se quem criou a "sala virtual" (normalmente o psicólogo) não tiver uma conta *premium* (paga) na plataforma.

É importante confirmar se a plataforma escolhida também funciona bem no equipamento usado tanto pelo(a) psicólogo(a) quanto pelo paciente, pois alguns sistemas podem exigir uma maior capacidade de processamento. É importante também avaliar os Termos de Uso de cada serviço, para certificar-se o que as empresas fazem com os dados coletados e se estão de acordo com a LGPD (Lei Geral de Proteção de Dados) do Brasil.

Naturalmente tanto o(a) psicólogo(a) quanto o paciente precisam se sentir à vontade com o sistema escolhido e saber operá-lo adequadamente. Convém que ambos testem a plataforma adotada antes da primeira sessão.

As vantagens e desvantagens de cada plataforma podem ser vistas abaixo:

Zoom (Zoom): As vantagens são a melhor qualidade de audiovisual entre todas as opções, a facilidade de se entrar nas salas (com apenas um *link*) e a possibilidade de se participar das sessões sem ter o programa instalado (a partir do navegador da *Web* do usuário) ou conta na plataforma; as desvantagens são o limite de 40 minutos nas sessões gratuitas e casos relatados de invasão de salas por usuários não autorizados;

Meet (Google): As vantagens são sessões com tempo ilimitado para conversas entre dois usuários, boa qualidade audiovisual, a facilidade de se entrar nas salas (com apenas um *link*) e o funcionamento a partir do navegador da *Web* do usuário; a desvantagem é a exigência de uma conta Google;

Facebook Messenger (Meta): As vantagens são mensagens criptografadas de ponta a ponta (no recurso "conversas secretas"), sessões com tempo ilimitado para conversas entre usuários, boa qualidade audiovisual, a facilidade de se entrar nas salas (com apenas um *link*) e o funcionamento a partir do navegador da *Web* do usuário; a desvantagem é a exigência de uma conta Facebook e a integração de dados com as redes sociais da Meta;

WhatsApp (Meta): as vantagens são mensagens criptografadas de ponta a ponta, sessões com tempo ilimitado para conversas entre usuários, boa qualidade audiovisual e a facilidade de se entrar nas salas; as desvantagens são a exigência de uma conta WhatsApp e a instalação do aplicativo e a integração de dados com as redes sociais da Meta.

É importante atenção para essas duas últimas plataformas, já que o paciente pode deixar seu *smartphone* em qualquer lugar, correndo o risco de parentes ou mesmo estranhos verem as conversas feitas com seus(uas) psicólogos(as).

Além dessas ferramentas de comunicação de uso genérico, existem plataformas construídas especificamente para atendimentos psicológicos. Elas combinam ferramentas para o atendimento com outras ferramentas administrativas, de cobrança e até para promoção do profissional. São criadas por empresas que normalmente cobram taxas dos psicólogos(as) que queiram se associar a elas. No Brasil, as mais populares, na redação deste texto (2023), são a Vittude e o Zenklub.

As principais vantagens dessas plataformas são:

- algumas captam pacientes novos;
- algumas possuem um sistema de agenda de atendimentos e de pagamentos realizados, incluindo lembretes por SMS e outros formatos de comunicação;
- algumas remuneram a partir de convênios médicos;
- consultas *online* criptografadas (protegidas contra invasores);
- facilidade para o paciente escolher um(a) psicólogo(a) com as características que busca;
- valores das consultas definidos pelos(as) psicólogos(as);
- recebimento das sessões por diferentes formas de pagamento, sem que o(a) psicólogo(a) precise se envolver com isso.

Infelizmente, essas plataformas também possuem algumas desvantagens, que precisam ser avaliadas pelo(a) psicólogo(a) antes de ele decidir se associar a qualquer uma delas:

- algumas aceitam pessoas que não são profissionais (psicólogos(as) ou médicos(as)) formados na área, podendo haver indivíduos assim oferecendo terapia;
- como os preços dos atendimentos são exibidos aos pacientes, pode haver precarização no trabalho dos(as) psicólogos(as), pois alguns podem diminuir muito o valor para conseguir pacientes, prejudicando toda a categoria;
- provocam "uberização" da profissão, com o sistema de avaliação de psicólogos(as) por estrelas;
- o Conselho Federal de Psicologia considera que o sistema de propaganda de algumas delas fere a legislação, sendo que os(as) psicólogos(as) podem ser responsabilizados por estas práticas;
- algumas já tiveram problemas com *hackers* e roubo de dados;
- há registro de casos de erro no processamento de pagamentos em algumas dessas plataformas.

PLATAFORMAS DE SOFTWARE LIVRE / CÓDIGO ABERTO

Existem ainda alternativas de produtos desenvolvidos sob o conceito de "código aberto" (ou *open source*, no termo original em inglês). Essa modalidade de desenvolvimento de software é bastante popular entre especialistas de TI, pois permite que sistemas sejam melhorados de maneira rápida e barata pela colaboração de toda a comunidade de desenvolvimento, beneficiando a todos.

No conceito de *open source*, o uso do produto é totalmente gratuito e seu código-fonte fica disponível para qualquer um copiar e livremente alterar, para incluir novas funcionalidades ou corrigir problemas. A única exigência é que as melhorias sejam devolvidas para uso de toda a comunidade.

As plataformas de comunicação de "código aberto" possuem essas mesmas vantagens para quem se aventurar a isso. Para aqueles que apenas desejam utilizá-las no formato padrão, oferecem a vantagem de serem gratuitas e sem restrições dos produtos comerciais, como limitações de tempo de uso. Elas tampouco coletam e armazenam dado dos usuários. Mas como acontece com a maioria das soluções grátis, não costuma oferecer suporte se algo não der certo, ainda que, em alguns casos, a própria comunidade se organiza para oferecer alguma ajuda. Outra desvantagem é que muitos deles exigem a instalação em um servidor, mesmo sendo gratuitos.

Entre os sistemas de "código aberto" nessa categoria, destaca-se o Jitsi Meet, desenvolvido inicialmente na Universidade de Estrasburgo (França). Não é preciso nenhuma espécie de instalação e sequer de se criar um conta para usá-lo, estando disponível para download para *smartphones*, Android e iPhones, ou para ser usado pelo *site* http://meet.jit.si. Entre suas vantagens, estão reuniões criptografadas (o que o torna mais seguro), podendo ser gravadas e armazenadas automaticamente no serviço Dropbox. Ela ainda transmite vídeos do YouTube, compartilha telas e registra reuniões em calendários do Google e da Microsoft.

Outras plataformas de comunicação de "código aberto" disponíveis, mas que exigem algum tipo de instalação, são o BigBlueButton (normalmente conhecido daqueles que usam a plataforma de ensino Moodle), o Jami, o Nextcloud Talk e o Riot.IM.

As vantagens dessas plataformas estão em sua gratuidade. Entretanto, por serem plataformas que dependem da comunidade e não possui grandes investimentos, pode ser sujeita a pequenos problemas técnicos.

Cabe lembrar também que existem planos de saúde com plataformas específicas para o atendimento, sendo que o psicólogo(a) precisa estar conveniado. Os valores e condições são decididos pelo plano de saúde.

CONSIDERAÇÕES FINAIS

A distância não impede a criação do vínculo entre psicólogo(a) e paciente, tão necessário para sucesso do processo. Isso aconteceu pelo aproveitamento desses recursos. O WhatsApp, pela sua incrível popularidade entre os brasileiros, passou a ser usado para marcar consultas. Com o tempo, alguns pacientes passaram a se sentir à vontade para usá-lo também para enviar a seus(uas) psicólogos(as) textos, vídeos, músicas, mensagens e até *nudes* (fotos sem roupa). Isso naturalmente pode ter um impacto negativo no processo terapêutico, e precisa ser trabalhado durante a terapia.

Qualquer que seja a plataforma escolhida, os vídeos desempenharam e continuam desempenhando um papel fundamental na construção desse vínculo. Nos estudos de Bossi e Sehaparini (2021), eles são destacados porque possibilitam, "de certo modo, a reprodução de um *setting* terapêutico o mais parecido possível com o presencial".

Dito de outro modo, pela videoconferência é possível ao profissional e ao paciente interagirem por som e imagem, o que permite trocas verbais e não-verbais de modo síncrono, mesmo que essas últimas sejam de forma mais limitada, quando comparado ao atendimento presencial (Bossi; Sehaparini, 2021, p. 160).

Feijó, Silva e Benetti (2018) explicam que a percepção dos(as) psicólogos(as) participantes de sua pesquisa foi de que, se há uma sensação de apoio do terapeuta por parte do paciente, a aliança terapêutica e a adesão ao tratamento, não sofrem prejuízos.

Nesse sentido, a importância de estabelecer um vínculo positivo no início do processo psicoterapêutico se faz importante para que o paciente se mantenha no tratamento psicológico, seja presencial ou com os recursos tecnológicos (Feijó; Silva; Benetti, 2018, p. 1641).

EXERCÍCIOS DE FIXAÇÃO

- Como apresentado neste capítulo, existem diversas plataformas para a realização de atendimentos síncronos. Eleja a plataforma que você prefere usar, e escreva os motivos desta escolha e quais pontos precisam melhorar nesta plataforma para o atendimento *online*.

- Quais são as vantagens e desvantagens da utilização de "código aberto" (ou *open source*) em comparação com as plataformas comerciais?

REFERÊNCIAS

BOSSI, T.; SEHAPARINI, I. Desafios na transição dos atendimentos psicoterápicos presenciais para online na pandemia de COVID-19: revisão sistemática. **Revista Brasileira de Psicoterapia**, v. 23, n. 1, 2021.

FEIJÓ, L.; SILVA, N; BENETTI, S. Impacto das Tecnologias de Informação e Comunicação na Técnica Psicoterápica Psicanalítica. **Trends Psychology**, v. 3, n. 26, 2018.

Atendimento de crianças e adolescentes

Ana Clara Lage

INTRODUÇÃO

Quando pensamos em atendimento de crianças e adolescentes é importante ter atenção às suas especificidades, como aponta Azevedo *et al.* (2020), visto que suas condições são diferentes das de um atendimento adulto. Assim, é necessário que a psicologia se adapte a esse outro modo de trabalho, se valendo de sua bagagem já estabelecida e atualizando-a.

A Resolução CFP nº 11, de 11 de maio de 2018, institui no Art. 5º que o atendimento *online* a crianças pode ser realizado mediante autorização de, pelo menos, um responsável legal e sua possibilidade técnica deverá ser avaliada pelo profissional que prestará o serviço.

A terapia *online* é uma forma de trabalho que requer adaptações, e não existem muitos estudos disponíveis com relação ao atendimento *online* de crianças. Algumas dificuldades encontradas nessa forma de atendimento são problemas técnicos, acesso limitado à tecnologia para pacientes com dificuldades socioeconômicas, garantia de sigilo, espaço adequado para a terapia e capacidade de interpretar as emoções dos pacientes e desenvolver um vínculo com eles (Azevedo *et al.*, 2020; Békés; Doorn, 2020; Békés *et al.*, 2021; Racine *et al.*, 2020). Quando se trata de crianças e adolescentes, os desafios são ainda maiores, incluindo dificuldades na regulação emocional e comportamental, problemas com o uso de telas, possíveis distrações e a necessidade de garantir um ambiente seguro para discutir questões sensíveis, como abuso, negligência e identidade sexual e de gênero (Madigan *et al.*, 2020; Racine *et al.*, 2020).

O atendimento infantil *online* exige maior flexibilidade, as sessões demandam preparação prévia e até mesmo a verificação das ferramentas ou técnicas a serem utilizadas (Békés *et al.*, 2021). O atendimento pode ser especialmente benéfico para crianças e famílias que enfrentam dificuldades socioeconômicas ou estressores psicossociais e, portanto, encontram dificuldades em se locomover até locais de atendimento, como pessoas que vivem em áreas rurais e para aqueles que necessitam de especialistas em problemas específicos (Madigan *et al.*, 2020; Racine *et al.*, 2020).

Ademais, existe a dificuldade em trabalhar com crianças muito pequenas, que ainda não desenvolveram repertório cognitivo e comportamental para lidar com o formato de terapia *online*. Assim, é preferível trabalhar com crianças a partir dos 8 ou 9 anos. Outra questão a ser abordada é que algumas crianças e adolescentes, independentemente da idade, podem ter dificuldades cognitivas ou comportamentais que dificultem o trabalho *online*. Por isso, é importante levar em consideração as características individuais de cada criança ou adolescente para decidir se a psicoterapia *online* será adequada para o caso (Usluoglu; Baldık, 2023).

Ao longo desse capítulo serão apresentados aspectos fundamentais, especificidades e ferramentas que devem ser observados pelo terapeuta ao longo dos atendimentos *online* com crianças e adolescentes.

ASPECTOS FUNDAMENTAIS E ESPECÍFICOS

Família. A família participará direta e indiretamente do atendimento e haverá maior ocorrência dela nas sessões, pois não é possível realizar um trabalho terapêutico afastado das figuras de cuidado presentes na vida da criança e do adolescente. A família sempre estará em circulação por este espaço, seja no aspecto físico ou imaginário da relação terapêutica. Alguns autores consideram uma frequência maior de sessões em família, a fim de abrir um espaço de fala também para os pais ou responsáveis, uma vez que eles participam do processo terapêutico das crianças e adolescentes e isso pode se tornar uma fonte geradora de angústia, portanto, aproximá-los do atendimento permite que eles coloquem suas percepções, sentimentos e ideias quanto ao processo, que também serão parte do manejo do terapeuta (Zhou, 2020). A família deve ser incluída sempre que possível, a fim de amenizar fantasias que possam circular em torno do atendimento, todavia, sempre priorizar a criança ou o adolescente, visto que a sessão é deles.

É importante avisá-los sobre o local que deve ser reservado para o atendimento, que deve conter todos os materiais necessários. Alguns terapeutas preferem manter o *setting* em um espaço restrito, que contenha porta, com a alegação de que isso torna mais fácil o manejo do sigilo, devido a maior possibilidade de controle do ambiente; outros, trazem que tal limitação ocasionaria a perda de diversos estímulos e conteúdos que podem ser explorados pela criança, uma vez que a casa também é seu espaço. Em todo caso, deve-se deixar muito clara a questão do sigilo, pois ele se mantém no atendimento *online* e pode ser desafiador para algumas famílias. O aviso sobre as possíveis interferências em atividades que os adultos estejam realizando no momento da sessão também é necessário, visto que durante o atendimento é possível que a criança sinta fome, sede, vontade de ir ao banheiro, ou tenha alguma ideia e queira utilizar algum material que não está acessível a ela, portanto, os responsáveis terão que auxiliá-la em algumas atividades (Dias, 2020; Nascimento, 2020; Udwin et al., 2021).

Ainda que haja alguma intercorrência, sobretudo em relação ao sigilo, isso pode se tornar material de trabalho. É possível indagar a família sobre o caso de tais situações ocorrerem somente durante a terapia, ou se também acontece em outros momentos; o porquê seria tão difícil respeitar a privacidade da criança ou adolescente; quais são os medos e fantasias que se criam quando a criança ou adolescente se encontra sozinho etc. Tais questões precisam ser tratadas no espaço do atendimento, para que também se criem soluções para elas em conjunto, com a consideração de que o problema pode se repetir por algumas vezes (Békés et al., 2021).

Formas de trabalho. A aplicação de técnicas é uma importante aliada do terapeuta, como discutido anteriormente, ele se valerá de seus conhecimentos prévios para auxiliá-lo. É pertinente ter a consideração de que possivelmente técnicas e formas de trabalho muito rígidas podem não funcionar em um atendimento *online*. Materiais diversos devem estar disponíveis: desde lápis, giz de cera, papel, cola, massa de modelar, sucata etc., entre outros; sempre com a avaliação de que existem famílias com maior disponibilidade de materiais e outras com menor disponibilidade, de forma que se esteja sempre o mais próximo possível da realidade da família atendida (Oliveira; Nascimento; Duque, 2020; Pajaro, 2021).

Além disso, o uso de técnicas de respiração e *mindfulness* têm se mostrado efetivas na redução do estresse na criança, sendo uma ferramenta que pode auxiliar na concentração. (Silva; Duque, 2020).

CAIXA LÚDICA X BRINQUEDOS QUE A CRIANÇA POSSUI

A disponibilização de brinquedos e outros materiais gráficos têm como objetivo facilitar o acesso à subjetividade da criança, favorecendo o lúdico, tendo em vista que sua forma de comunicação é diferente da do adulto (Dias, 2020). Para aqueles que seguem linhas psicodinâmicas é pertinente pensar sobre como fica a caixa lúdica em um *setting online*, pois sua forma tradicional não estará presente. Por isso, faz-se necessário trabalhar com os recursos e brinquedos que a criança dispõe em sua casa como substitutos da caixa lúdica, como suas próprias bonecas, materiais de desenho, jogos, e outros brinquedos. Ainda, o espaço do quarto/casa pode ser uma nova maneira da criança se apresentar, assim, estes locais serão o novo *setting* de trabalho psicoterapêutico. Além disso, ferramentas virtuais, como o Google Imagens, podem ser utilizadas, caso a criança e/ou a família tenham familiaridade com a tecnologia. (Tachibana *et al.*, 2021; Miguel, 2020; Dias, 2020).

Além disso, Udwin *et al.* (2021) observaram que o modo como a câmera é posicionada e o controle de vídeo, áudio e funções do *chat* da plataforma escolhida também são meios utilizados pela criança para se expressar na sessão. Dias (2020), Wade *et al.* (2020) e Udwin *et al.* (2021) apontam para a importância de que na psicoterapia *online*, tanto paciente/cliente quanto terapeuta estejam abertos para novas formas de aprender e compartilhar, como vídeos e outras atividades interativas.

JOGOS E PLATAFORMAS DIGITAIS

Atualmente, é possível utilizar plataformas e jogos digitais, incluindo jogos clássicos de tabuleiro, como ferramentas importantes no trabalho psicoterapêutico com crianças e adolescentes, já que são atraentes para esse público. Quando jogos analógicos são usados em sessões *online*, é interessante que terapeuta e paciente/cliente tenham acesso ao mesmo material. O jogo em sessão deve ter efeito terapêutico, o que significa que o(a) psicólogo(a) precisa atuar como mediador da situação do jogo, exigindo conhecimento aprofundado da narrativa, regras, jogabilidade e objetivos do jogo, o que permite o uso a seu favor na psicoterapia. É importante que o terapeuta preste atenção para que os jogos não reduzam a interação paciente-terapeuta em vez de facilitá-la. Por exemplo, se um paciente estiver muito envolvido com o jogo e esquecer o trabalho terapêutico, pode estar evitando conversas desagradáveis (Gallina, 2012; Felipe, 2020).

A escolha do jogo é importante e deve considerar os benefícios e desafios que cada jogo pode trazer à sessão. As plataformas digitais oferecem uma vantagem adicional, já que oferecem uma ampla variedade de jogos sem que sejam gastos recursos adicionais. Tanto jogos digitais quanto analógicos podem ser usados para trabalhar questões como o estabelecimento de vínculo, autoconhecimento, auxílio no tratamento de ansiedade, estresse pós-traumático, fobias, autismo e psicose, reabilitação cognitivo-motora, entre outros. Além disso, podem ser utilizados para trabalhar uma habilidade ou emoção, internalização de regras da sociedade e para aumentar o interesse do paciente/cliente na terapia, servindo como treino e ensaio para situações reais, já que o jogo promove o distanciamento da realidade, permitindo que o paciente/cliente lide com suas questões em um ambiente controlado. A habilidade digital da criança ou adolescente deve ser avaliada previamente (Gallina, 2012; Felipe, 2020).

Para garantir a segurança do paciente/cliente, é importante explicar aos responsáveis que os jogos não são apenas para entretenimento e serão usados como parte do tratamento, esclarecendo como as intervenções podem ser realizadas nesse contexto e perguntando se há restrições em relação a algum tipo de jogo. Além disso, é essencial verificar a classificação indicativa do jogo para garantir que seja adequada para a idade do paciente/cliente e utilizar aplicativos que permitam o contato por voz, caso o jogo não possua esse recurso (Gallina, 2012; Zayeni; Reynaud; Reyet, 2020; Felipe, 2020).

No caso de jogos *online* multijogador, é necessário ter cuidado extra, pois o terapeuta e o paciente/cliente não estão sozinhos no ambiente virtual e podem se deparar com comunidades tóxicas. Por isso, é importante escolher jogos com interação controlada para evitar problemas de interação com terceiros (Mesquita Neto, 2017).

O tema do uso de jogos digitais na sessão será mais bem explorado no capítulo "O uso de jogos digitais no contexto psicoterapêutico".

ÉTICA E ENQUADRE

A escolha de um aplicativo adequado é parte das responsabilidades do(a) psicólogo(a) e requer atenção, pois ele deve ser criptografado e assegurar a proteção dos dados do paciente. O enquadre da sessão, ou seja, contrato, deve ser estabelecido não só com a criança ou adolescente, mas também com os pais, todos devem estar cientes das implicações de um atendimento *online* e suas especificidades: conexões que podem oscilar, falhar ou não acontecer, desse modo, é fundamental que se discuta previamente o que acontecerá caso algo aconteça (Feijó; Serralta, 2020; Nascimento, 2020).

É importante que as sessões sejam previamente planejadas para que os pais possam se organizar quanto aos materiais, do contrário, corre-se o risco de que algum tempo de sessão seja perdido. Ainda, deve-se preparar a criança deixando claro quais ambientes da casa ela poderá ficar e avaliar a familiaridade dela com os dispositivos, aplicativos e plataformas que serão usadas na sessão (Duque, 2020; Nascimento, 2020).

Aquilo que for produzido graficamente pela criança durante a sessão deve ser adequadamente fotografado ou mostrado ao terapeuta pela tela do dispositivo, de modo que não se percam detalhes importantes para a utilização daquele material durante a psicoterapia. Essa questão traz à tona um elemento importante a ser pensado para atendimentos *online*, a perda do campo visual. É possível que durante o atendimento a criança se locomova, por exemplo, para pegar um brinquedo, ocasionando a perda do contato visual por parte do terapeuta, o que pode resultar em situações adversas, como um acidente ou quebras de limites estabelecidos pelos pais, sem que o(a) psicólogo(a) tenha controle sobre isso. Por consequência, o terapeuta deve desenvolver estratégias para contornar essa questão, como a afirmação de combinados verbais com a criança e, até mesmo, em casos imprevistos, o contato por *WhatsApp* com os pais, para que eles ajudem no reestabelecimento da criança na sessão (Dias, 2020).

Além disso, a limitação do campo visual também pode afetar a percepção que o terapeuta tem de comportamentos não verbais, como o balanço dos pés e maneirismos que fiquem fora da tela. Em contrapartida, a criança ou adolescente pode utilizar-se de novos meios para sua expressão, como o posicionamento da câmera e outros controles da plataforma, como exposto anteriormente, exigindo atenção e sensibilidade do terapeuta para captar essas peculiaridades (Dias, 2020; Udwin *et al.*, 2021).

Como, muitas vezes, em um atendimento *online* ocorre a intrusão ou interrupção das sessões por outros membros da família, a questão do sigilo é algo que deve ser frisado e discutido com todos os envolvidos, inclusive a criança ou adolescente, para que haja o aprendizado de reconhecer quando o sigilo não está sendo respeitado e se defender quando isso acontece (Madigan *et al.*, 2021).

CONSIDERAÇÕES FINAIS

O atendimento com crianças e adolescentes, que mesmo na modalidade presencial tem suas características próprias, exige que o terapeuta tenha atenção adicional a suas especificidades quando se trata da modalidade *online*. Esse tipo de atendimento acompanha dificuldades e necessidades que, por não existirem no atendimento presencial, foram pouco examinadas até o momento da pandemia de COVID-19.

Quanto ao uso de jogos e plataformas digitais, quando é bem empregado, pode trazer benefícios tanto para a relação terapêutica, quanto para o desenvolvimento de habilidades específicas. No entanto, cuidados adicionais podem ser exigidos para garantir o aproveitamento dessa ferramenta.

Dessa forma, manter a atenção quanto ao espaço, sigilo, interação com a família, materiais e técnicas é fundamental para garantir um bom andamento da psicoterapia. Para isso, o(a) psicólogo(a) deve manter-se sempre atualizado quanto às novas práticas, plataformas e possibilidades de atendimento, ao mesmo tempo que preserva o essencial, o cuidado ético.

Por fim, Dias (2020) ressalta que o contato presencial com crianças deve ser priorizado, na medida do possível, apesar da psicoterapia *online* trazer benefícios. Nessa faixa etária, a psicoterapia presencial serve como um ensaio e proporciona o desenvolvimento de habilidades sociais que serão utilizadas futuramente. Portanto, o terapeuta precisa examinar que tipo de caso deverá ser atendido de forma *online* e o porquê.

EXERCICIOS DE FIXAÇÃO

- Quais pontos devem ser observados pelo(a) psicólogo(a) em relação à família da criança ou adolescente em um atendimento *online*?
- Quais cuidados devem ser observados ao incluir o uso de jogos em um atendimento?

REFERÊNCIAS

AZEVEDO, E. C. *et al*. Psicoterapia de orientação psicanalítica online com crianças e adolescentes em tempos de isolamento social. **Revista de Psicoterapia da Infância e da Adolescência**, Porto Alegre, v. 29, n. 29, p. 125-130, jan. 2020. Disponível em: https://ceapia.com.br/wp-content/uploads/2021/06/ceapia-2020-v29-n29-13.pdf. Acesso em: 16 mar. 2023.

BÉKÉS, V.; DOORN, K. A. V. Psychotherapists' attitudes toward online therapy during the COVID-19 pandemic. **Journal Of Psychotherapy Integration**, [S.L.], v. 30, n. 2, p. 238-247, jun. 2020. Disponível em: http://dx.doi.org/10.1037/int0000214. Acesso em: 16 mar. 2023.

BÉKÉS, V. *et al.* Psychotherapists' Challenges with Online Therapy During COVID-19: concerns about connectedness predict therapists: negative view of online therapy and its perceived efficacy over time. **Frontiers In Psychology**, [S.L.], v. 12, n. 0, p. 1-10, 22 jul. 2021. Disponível em: http://dx.doi.org/10.3389/fpsyg.2021.705699. Acesso em: 16 mar. 2023.

CONSELHO FEDERAL DE PSICOLOGIA. **Resolução CFP nº 11/2018 de 11 de maio de 2018. Regulamenta a prestação de serviços psicológicos realizados por meios de tecnologias da informação e da comunicação e revoga a Resolução CFP nº 11/2012.** Disponível em: https://e-Psi.cfp.org.br/resolucao-cfp-no-11-2018/. Acesso em: 26 abril. 2023.

DIAS, M. L. Psicoterapia online para crianças: alcances e limites. In: NASCIMENTO, A. K. C.; SEI, M. B. (org.). **Intervenções psicológicas online**: reflexões e retrato de ações. Londrina: Clínica Psicológica da UEL, 2020. Cap. 4. p. 49-66. Disponível em: http://www.uel.br/clinicapsicologica/pages/arquivos/Livro%20-%20Intervencoes%20psicologicas%20on-line%20-%20reflexoes%20e%20retrato%20de%20acoes%20on-line.pdf. Acesso em: 26 abr. 2023.

FEIJÓ, L. P.; SERRALTA, F. B. ORIENTAÇÕES BÁSICAS PARA REALIZAÇÃO DE PSICOTERAPIA ONLINE. **Programa de Pós-Graduação em Psicologia da Unisinos**, Porto Alegre, p. 1-17, mar. 2020. Disponível em: https://www.crprs.org.br/conteudo/_laepsi_psicoterapia_online_final.pdf. Acesso em: 07 jul. 2023.

FELIPE, R. C. B. **A utilização dos jogos digitais como mediadores na prática psicoterapêutica**. 2020. 68 f. Dissertação (Mestrado) – Curso de Psicologia, Universidade Católica de Pernambuco, Recife, 2020. Disponível em: http://tede2.unicap.br:8080/bitstream/tede/1437/5/Ok_rhayssa_cavalcanti_barros_felipe.pdf. Acesso em: 07 jul. 2023.

GALLINA, L. M. O uso de videogames na clínica psicoterápica: revisão de literatura. **XISBGames**, Brasilia-DF, Nov. 2012 Disponivel em: https://www.researchgate.net/profile/Luiz_Gallina/publication/313638200_O_

uso_de_videogames_na_clinica_psicoterapica_revisao_de_literatura/links/58a0e4c2458515 98bab86926/O-uso-de-videogames-na-clinica-psicoterapica-revisao-de-literaturapdf. Acesso em: 07 jul. 2023.

MADIGAN, S. et al. COVID-19 and telemental health: benefits, challenges, and future directions. **Canadian Psychology/Psychologie Canadienne**, [S.L.], v. 62, n. 1, p. 5-11, fev. 2021. Disponível em: http://dx.doi.org/10.1037/cap0000259. Acesso em: 16 mar. 2023.

MESQUITA NETO, J. A. et al. **Uma análise sobre o comportamento tóxico em jogos online baseada em tópicos de conversa.** 2019. 134 f. Dissertação (Mestrado) – Curso de Ciência da Computação, Instituto de Informática, Universidade Federal do Rio Grande do Sul, Porto Alegre, 2019. Disponível em: https://www.lume.ufrgs.br/bitstream/handle/10183/189383/001087435.pdf?sequence=1&isAllowed=y. Acesso em: 07 jul. 2023.

MIGUEL, F. K. Avaliação psicológica online. In: NASCIMENTO, A. K. C.; SEI, M. B. (org.). **Intervenções psicológicas online**: reflexões e retrato de ações. Londrina: Clínica Psicológica da Uel, 2020. p. 67-79. Disponível em: http://www.uel.br/clinicapsicologica/pages/arquivos/Livro%20-%20Intervencoes%20psicologicas%20on-line%20-%20reflexoes%20e%20retrato%20de%20acoes%20on-line.pdf. Acesso em: 07 jul. 2023.

NASCIMENTO, A. K. C. Psicoterapia online: retrato de um percurso. In: NASCIMENTO, A. K. C.; SEI, M. B. (org.). **Intervenções psicológicas online**: reflexões e retrato de ações. Londrina: Clínica Psicológica da Uel, 2020. p. 25-48. Disponível em: http://www.uel.br/clinicapsicologica/pages/arquivos/Livro%20-%20Intervencoes%20psicologicas%20on-line%20-%20reflexoes%20e%20retrato%20de%20acoes%20on-line.pdf. Acesso em: 07 jul. 2023.

OLIVEIRA, A. L.; NASCIMENTO, A. C. A.; DUQUE, F. M. APRESENTAÇÃO: reflexões sobre a criança, a psicoterapia infantil e a psicoterapia online. In: OLIVEIRA, A. L.; NASCIMENTO, A. C. A.; DUQUE, F. M. (org.). **PSICOTERAPIA INFANTIL ONLINE**: técnicas e ferramentas desenvolvidas durante a pandemia da COVID-19. Taubaté: Edunitau, 2020. p. 6-16. Disponível em: http://repositorio.unitau.br/jspui/bitstream/20.500.11874/4005/1/ISBN9786586914399.pdf. Acesso em: 07 jul. 2023.

OMIDYAR GROUP (org.). **HOPELAB**. 2023. Disponível em: https://hopelab.org/case-study/re-mission/. Acesso em: 27 abr. 2023.

PAJARO, M. V. Encontro.com: uma clínica possível no atendimento online de crianças. In: Brandao, C. L.; Zanella, R. Psicoterapia online infanto-juvenil em tempos de COVID-19 – Clínica em Gestalt terapia. Editora Juruá, 2021.

RACINE, N. *et al*. Telemental health for child trauma treatment during and post-COVID-19: limitations and considerations. **Child Abuse & Neglect**, [S.L.], v. 110, n. 0, p. 1-6, dez. 2020. Disponível em: http://dx.doi.org/10.1016/j.chiabu.2020.104698. Acesso em: 16 mar. 2023.

SILVA, C. N.; DUQUE, F. M. E. T. TERAPEUTA: uma estratégia de atenção plena (mindfulness) para a vivência do isolamento social. In: OLIVEIRA, A. L.; NASCIMENTO, A. C. A.; DUQUE, F. M. (org.). **PSICOTERAPIA INFANTIL ONLINE**: técnicas e ferramentas desenvolvidas durante a pandemia da COVID-19. Taubaté: Edunitau, 2020. p. 6-16. Disponível em: http://repositorio.unitau.br/jspui/bitstream/20.500.11874/4005/1/ISBN9786586914399.pdf. Acesso em: 07 jul. 2023.

TACHIBANA, M. *et al*. A clínica psicanalítica infantil na modalidade online: reflexões winnicottianas. **Revista Brasileira de Psicoterapia**, Porto Alegre, v. 23, n. 3, p. 9-20, dez. 2021. Disponível em: https://pesquisa.bvsalud.org/portal/resource/pt/biblio-1354075. Acesso em: 07 jul. 2023.

UDWIN, S. *et al*. Little Girl, Big Feelings: online child psychotherapy during the COVID-19 pandemic. **Journal Of Infant, Child, And Adolescent Psychotherapy**, [S.L.], v. 20, n. 4, p. 354-371, 2 out. 2021. Disponível em: http://dx.doi.org/10.1080/15289168.2021.1999158. Acesso em: 16 mar. 2023. USLUOGLU, F.; BALIK, E. A. Child therapists' views and experiences of video conference psychotherapy with children. **Current Psychology**, [S.L.], p. 1-12, 9 jun. 2023. Disponível em: https://doi.org/10.1007/s12144-023-04820-w. Acesso em: 07 jul. 2023.

VAJAWAT, B.; VARSHNEY, P.; BANERJEE, D. Digital Gaming Interventions in Psychiatry: evidence, applications and challenges. **Psychiatry Research**, [S.L.], v. 295, n. 0, p. 1-8, jan. 2021. Disponível em: http://dx.doi.org/10.1016/j.psychres.2020.113585. Acesso em: 27 abr. 2023.

WADE, S. L. *et al*. Telepsychotherapy with children and families: lessons gleaned from two decades of translational research. **Journal Of Psychotherapy Integration**, [S.L.], v. 30, n. 2, p. 332-347, jun. 2020. Disponível em: http://dx.doi.org/10.1037/int0000215. Acesso em: 16 mar. 2023.

ZAYENI, D.; RAYNAUD, J. P.; REVET, A. Therapeutic and Preventive Use of Video Games in Child and Adolescent Psychiatry: a systematic review. **Frontiers In Psychiatry**, [S.L.], v. 11, n. 36, p. 11-13, 6 fev. 2020. Disponível em: http://dx.doi.org/10.3389/fpsyt.2020.00036. Acesso em: 27 abr. 2023.

ZHOU, X. Managing psychological distress in children and adolescents following the COVID-19 epidemic: a cooperative approach. Psychological Trauma: Theory, Research, Practice, and Policy, [S.L.], v. 12, n. 1, p. 76-78, ago. 2020. Disponível em: http://dx.doi.org/10.1037/tra0000754. Acesso em: 16 mar. 2023.

Psicoterapia de casais

João Victor Rezende dos Santos

INTRODUÇÃO

A terapia de casal surge a partir de um entendimento macro das relações do indivíduo e o grupo ao qual ele faz parte, traçando um olhar grupal, e não individual, para a resolução dos conflitos de todos os integrantes da relação. Todas as intervenções, nesta modalidade de atendimento, eram feitas quase que estritamente de forma presencial (Freire, 2019).

Este modelo de atendimento de terapia de casal presencial, só começa a abrir um espaço maior à modalidade *online*, através das TICs, com a vinda da pandemia da COVID-19. Antes da pandemia, as TICs eram subutilizadas, restringindo-se a primeiros contatos, demandas emergentes, comunicações breves, encaminhamentos, envio de materiais ou lembretes de horários (Schmidt *et al.*, 2020).

Neste período, de distanciamento social, a classe de psicólogos(as) precisou pensar, repensar e se reinventar, com maior intensidade e urgência, o seu fazer em terapia de casal, agora para a modalidade *online*, dada as circunstâncias que se instalaram em 2020 (Souza; Silva; Monteiro, 2020).

Nesta abrupta mudança, encontrou-se comumente o sentimento de desconforto e despreparo da parte dos terapeutas para com atendimento de casal *online*, fundamentalmente pela preocupação com o vínculo terapêutico, ética, falta de controle do *setting* e confidencialidade (Schmidt *et al.*, 2020). Frente ao exposto, o que este capítulo almeja é esclarecer os reais desafios e possibilidades da terapia de casal através das TICs, bem como instrumentalizar o leitor quanto a esta prática.

O QUE É E PARA QUE SERVE A TERAPIA DE CASAL?

A terapia de casal — sendo um subproduto da terapia familiar — surge como uma forma alternativa de se pensar o atendimento clínico individual, quando o paciente traz demandas familiares e de casal. Enquanto no atendimento individual, retira-se o paciente da relação que lhe causa sofrimento, para que seja pensado e refletido sobre estas relações e quais as responsabilidades e possibilidades do paciente, na terapia de casal, o processo terapêutico é justamente pensar com todas as partes envolvidas da relação, como fazer com que esta seja fonte de satisfação e bem-estar (Freire, 2019).

Dentro da terapia de casal/familiar, entende-se que, retirar o sujeito da fonte geradora de sofrimento para pensar as relações e colocá-lo novamente dentro desta relação, quando os demais envolvidos não estão também em um processo terapêutico, poderia não trazer benefício para a relação (Freire, 2019). Isso não significa dizer que a terapia individual se torna obsoleta quanto surge a demanda de casal no atendimento, mas pode ser potencializada quanto em conjunto com a terapia de casal. O contrário também pode acontecer, em que a terapia de casal demanda que cada pessoa da relação faça sua terapia individual.

Deste modo, na terapia conjugal, é imprescindível termos claro que cada indivíduo do casal veio de outros casais trazendo consigo características individuais, como a aprendizagem do que é amor, dos papéis dentro da relação, modelos de como se relacionar, de como receber e dar carinho etc. (Pignataro; Feres-carneiro; Mello, 2019). Deste modo, a terapia de casal é um espaço potencial — entre terapeuta e casal — para que os processos dinâmicos inconscientes, possam ser identificados, refletidos e ressignificados para a resolução de conflitos que são inerentes das relações conjugais (Freire, 2019).

Existe uma variedade imensa de tipos e formas de casais, podendo ter várias configurações, ser de diferentes classes sociais, culturas e ter diferentes disponibilidades internas para a resolução de conflito. Compreender cada casal como um fenômeno único, significa dizer também que o terapeuta precisa estar munido de um amplo repertório teórico e prático para executar as intervenções dentro terapia de casal (Freire, 2019).

Posto, de forma breve, o que é a terapia de casal, seu objetivo e seu objeto de intervenção, será exposto como pode-se colocar em prática este tipo de atendimento de forma *online*, entendendo-se o ambiente, o papel do terapeuta, técnicas e intervenções possíveis.

O *SETTING ONLINE* NO ATENDIMENTO A CASAIS

Nesta modalidade *online* de atendimento, o *setting* é responsabilidade do terapeuta, mas conta com a coparticipação e cooperação dos pacientes. O atendimento com mais de uma pessoa traz consigo um desafio ao terapeuta de casal, e quando pensado este atendimento *online*, estes desafios são intensificados, uma vez que demanda a organização de luz, imagem, áudio e vídeo para possibilitar uma comunicação verbal e não verbal de cada indivíduo frente a câmera (Schmidt *et al.*, 2020).

O *setting* pode ser formado em diferentes configurações: O casal pode estar na mesma tela; cada cônjuge pode estar em uma tela diferente; o casal pode ou não estar no mesmo cômodo. Independentemente de como o casal se apresenta no atendimento, cabe ao terapeuta pensar a melhor forma de comunicação entre o casal, seja, por exemplo, solicitando que o casal sente em um semicírculo, quando estiverem na mesma câmera, para possibilitar contato visual entre eles também (Souza; Silva; Monteiro, 2020).

Quanto aos aspectos subjetivos do *setting*, estes dizem respeito a garantia que o terapeuta dá aos seus pacientes de um ambiente suficientemente bom, ou seja, seguro, ético, livre de julgamentos e que acolha as demandas e idiossincrasias de cada cônjuge.

O terapeuta consegue apresentar este ambiente potencial, tanto na primeira sessão, quando nas subsequentes. No primeiro atendimento, quando o terapeuta faz o enquadramento ele apresenta também os aspectos objetivos do *setting*, como os atendimentos são organizados e como manterá o sigilo e cuidado das questões trabalhadas (Tachibana *et al.*, 2021).

Por óbvio, apenas mostrar os cuidados tomados pelo terapeuta não vai extirpar qualquer dificuldade de vinculação ou pensamentos persecutórios, estes serão minimizados e trabalhados ao longo dos atendimentos também, conforme o paciente vai tendo uma exposição sucessiva aos atendimentos, no qual os cônjuges vão se habituando a esta modalidade de atendimento e com o próprio terapeuta.

Em suma, os cuidados com espaço, sigilo, conforto do paciente etc., que já são questões importantes do atendimento presencial, continuam sendo importantes no atendimento *online*, e precisam ser repensados para sua garantia.

PAPEL DO TERAPEUTA NO ATENDIMENTO *ONLINE*

Pensar o seu papel e como desempenhar este nem sempre é uma tarefa fácil, que normalmente demanda um processo de práxis, em um ciclo de conhecimento e reconhecimento da atuação, seja na modalidade de atendimento presencial, quanto no atendimento *online*.

No que diz respeito ao atendimento *online* de casal, muitos(as) psicólogos(as) e estudantes de Psicologia demonstram medo em assumir a prática de atendimento *online* na terapia de casal, e um dos motivos é a preocupação com a relação terapêutica. Estudos apontam que a qualidade da relação terapêutica na terapia *online*, seja síncrona ou assíncrona, pode equivaler ao atendimento presencial (Schmidt *et al.*, 2020; Tachibana *et al.*, 2021). Isso não significa dizer que é fácil estabelecer uma boa relação terapeuta-paciente, mas sim que, da mesma forma que no atendimento presencial trabalhamos para construir esta relação, no *online* também devemos e conseguimos criar esta relação.

Dentro do processo terapêutico, o(a) psicólogo(a) e o casal, desenvolvem um sentimento de estarem juntos, apesar de estarem fisicamente distantes, ligados por uma rede de internet. A este fenômeno dá-se o nome de telepresença, no qual se vai construindo relações de confiança, empatia e conexão, mesmo no atendimento *online* (Schmidt *et al.*, 2020).

No estabelecimento das relações, ao longo das sessões, também é papel do terapeuta possibilitar que todos os cônjuges possam falar e se expressar. Manejar estas falas também é um ponto importante tanto para a relação terapêutica como para o desenrolar das sessões, uma vez em que, o terapeuta precisa tomar cuidado com as transferências e contratransferências, não assumindo e nem perpetuando uma aliança com um dos membros do casal.

É comum, nas sessões os pacientes terem um processo transferencial, e oferecer ao terapeuta um papel que perpetue as relações como são. Estes movimentos nem sempre são propositais, mas sim inconscientes, até por ser um padrão de relacionar-se aprendido e desenvolvido ao longo da vida do paciente (Pignataro; Feres-carneiro; Mello, 2019). O terapeuta não deve assumir este papel atribuído pelos cônjuges, mas usar ferramentas para superar esta dinâmica — muitas vezes, fonte de adoecimento — em prol de novas formas saudáveis de se relacionar consigo e com o outro.

Para além de possibilitar a fala, é papel do terapeuta trabalhar para garantir a participação ativa de todos os membros do casal durante o atendimento. Para isso, o terapeuta pode frequentemente mencionar o nome do cônjuge e fazer direcionamento de perguntas, bem como solicitar comentários sobre a fala da outra pessoa, para que assim as demandas que surgirem do casal seja discutida e resolvida pelo casal (Schmidt *et al.*, 2020).

Por óbvio nestas intermediações podem emergir conflitos e divergências. Se estas divergências ocorrem, não é um problema para a terapia, mas sim um desconforto ao casal que possibilita a mudança. A ideia aqui é poder tratar as diferenças dos cônjuges, não como antagonismos, mas apenas como diferenças, para criar um espaço dialógico onde todas as individualidades são ouvidas, pensadas e harmonizadas dentro do casal (Freire, 2019).

INICIANDO A TERAPIA DE CASAL *ONLINE*

O atendimento de casal *online* tem diversas vantagens e contraindicações, que precisam ser pensadas antes de escolher está modalidade. Em termos de vantagens ao casal, ser *online* possibilita uma disponibilidade maior de horário, não precisam se preocupar com percurso de ida e volta do consultório, rompe barreiras geográficas entre terapeuta e paciente, possibilitando, inclusive, a superação de escassez de terapia de casal presencial em regiões próximas de onde o casal reside (Schmidt *et al.*, 2020).

Apesar destas vantagens e conveniências para o casal, o terapeuta precisa estar atento as contraindicações desta modalidade de atendimento, que visam garantir a segurança do casal e dos indivíduos. As contraindicações são: risco de suicídio; casos de violência; abuso de substâncias — não tratado (Schmidt *et al.*, 2020).

Em suma, o critério para não se fazer a terapia de casal de forma *online*, é quando questões individuais transcendem os limites do atendimento de casal, no qual é necessária uma psicoterapia individual antes de iniciar este processo. O terapeuta precisa estar atento a estes fatores para não deixar seus pacientes em situações de risco e vulnerabilidade.

Nos tópicos seguintes, há instruções de como identificar isso antes das sessões com o casal, e tópicos de enquadramento que precisam ser seguidos para segurança do terapeuta e do casal.

ENQUADRE PARA ATENDIMENTO DE CASAL ATRAVÉS DAS TICS

Enquadre é o acordo/contrato psicológico estabelecido entre terapeuta e pacientes. É neste contrato que ficam acordados valores, tempo da sessão, dia das sessões, qual serviço será prestado etc. Em suma, o enquadramento já sabido e utilizado nos consultórios de atendimento de casal e/ou individual, sofrerá algumas inclusões de itens e atenção maior nestes para o atendimento *online*.

No contrato dos serviços prestados em atendimento psicológico de casal *online*, é importante ressaltar o sigilo dos atendimentos, mas deixar claro que os clientes também são corresponsáveis quanto a este sigilo, o que significa dizer que, o terapeuta deverá ter um espaço adequado para fazer o atendimento para garantir este sigilo, e os pacientes também precisam pensar em formas de preservar sua própria intimidade. É importante que isso seja discutido com os pacientes (Schmidt *et al.*, 2020).

Além do sigilo e privacidade, é importante discutir com os pacientes o quão favorável é ou não o espaço e horário que farão os atendimentos, ou seja, não ter interrupções de filhos ou animais de estimação, não ter fontes de distração, como televisão ligada, fazer refeições durante o atendimento etc. Parte do controle do *setting* também vai demandar da colaboração e possibilidades do casal, e isto precisa estar alinhado e acordado desde o começo (Schmidt *et al.*, 2020).

Outro tópico importante para se discutir com o paciente é que outras alternativas poderão recorrer em caso de falhas com a tecnologia. O terapeuta e o casal devem pensar juntos nesta questão, bem como o terapeuta precisa deixar orientações sobre os valores das sessões em que ocorrerem falhas com a tecnologia (Schmidt *et al.*, 2020).

Para além destes acordos, é importante alinhar com os pacientes como será o gerenciamento de crises. Por óbvio o terapeuta deverá identificar situações de vulnerabilidade — que serão apresentadas no tópico seguinte — antes do início do atendimento com o casal, porém, algumas situações de vulnerabilidade podem emergir ao longo dos atendimentos, demandando assim, o encaminhamento ou acionamento de profissionais e rede de apoio. Os pacientes precisam e têm direito de saberem da possibilidade deste acionamento, no caso de risco iminente.

Como já mencionado, o controle do *setting* pelo terapeuta, no atendimento *online* é reduzido, tão logo é necessário dar atenção e ênfase para gerenciamento de crises, e isso inclui saber o endereço de onde o casal faz os atendimentos e/ou residem, para, se necessário, acionar serviços ou profissionais da rede local (Schmidt *et al.*, 2020).

O terapeuta precisa se atentar a estas questões e pactuar com seus pacientes todos os itens do enquadramento. O enquadre é um resguardo e segurança para o terapeuta e para os pacientes.

IDENTIFICANDO DEMANDAS DO CASAL E DOS INDIVÍDUOS

Após o enquadramento, o primeiro passo que o terapeuta deve fazer é avaliar a segurança e se é um caso indicado ou não para terapia de casal através das TICs. Para fazer esta identificação, antes de iniciar o atendimento com o casal, é necessário se fazer entrevista inicial com cada cônjuge de forma individual.

É nesta entrevista individual e inicial que o terapeuta conseguirá identificar as motivações individuais, os status clínicos e cognitivos dos clientes, as demandas e as vulnerabilidades/potencialidades para atendimento *online*, avaliando a indicação para terapia de casal *online* ou para outros encaminhamentos. Isso vai ficando claro ao passo em que uma ou todos as pessoas da relação apresentam questões de ordem individual que se sobressaem ao relacionamento conjugal. É neste momento também, que o terapeuta já inicia o planejamento do tratamento (Schmidt *et al.*, 2020).

Nas entrevistas iniciais, para assim garantirmos um maior sigilo e possibilitar que o paciente se sinta mais à vontade para falar de temas sensíveis, deve-se solicitar o uso de fones de ouvido, e nas questões relacionadas a violência doméstica, o terapeuta pode fazer perguntas que demandem respostas de "sim" e "não". Desta forma, o terapeuta consegue assegurar a confidencialidade, mesmo que a outra pessoa esteja escutando a entrevista. Lembrando que, esta forma de entrevista deve ser feita com cada um dos cônjuges (Schmidt *et al.*, 2020).

Se após a entrevista o terapeuta concluir que não é um caso que pode ser atendimento na modalidade *online*, ou que se faz necessário antes cada indivíduo passar primeiro por um processo de terapia individual, o encaminhamento deve ser feito com sensatez, tomando cuidado para não patologizar nenhuma das pessoas (Freire, 2019).

Findado as entrevistas iniciais e o casal tendo perfil para continuar em atendimento *online*, iniciamos o processo interventivo, que pode ser realizado de diferentes formas que serão resumidas e apresentadas neste capítulo.

MANEJO, TÉCNICAS E DINÂMICAS PARA A TERAPIA DE CASAL ATRAVÉS DAS TICS

Na transposição do atendimento de casais do presencial para o *online*, demandamos algumas adaptações, tendo em vista algumas limitações, como, por exemplo, a comunicação não verbal. Para isso, ao longo das sessões o terapeuta pode investir em: acentuar ainda mais as expressões faciais; alterar a cadência ou entonação de voz; se inclinar mais para a frente da câmera para mostrar atenção maior em determinados assuntos etc. (Schmidt *et al.*, 2020).

Posta as limitações de comportamentos não verbais, além das técnicas supracitadas, o terapeuta deve investir ainda mais nos comportamentos verbais, tanto para se expressar, quanto para que os pacientes se expressem. Isso significa fazer com maior frequência perguntas do tipo: "o que você está sentindo/pensando?", "o que passa na sua cabeça ao ouvir isso?", "o que você entendeu do que ela(e) falou?" (Schmidt et al., 2020).

Durante as sessões os participantes podem apresentar dificuldades de verbalizar o que sentem e pensam, e neste momento cabe ao terapeuta alinhar com os participantes a necessidade da fala e comunicação, e contextualizar com o casal de que tudo que não é falado, aparece em forma de sintoma no futuro.

Muitas das vezes o que motiva uma discussão não está expresso em palavras, o que acaba gerando uma repetição nas discussões, pois o casal fala muitas coisas, mas não o necessário. Há, em muitos casos, trocas de ofensas, mas não trocas de informações, que possibilitariam o alinhamento da relação (Freire, 2019).

Cabe ao terapeuta encontrar as falhas e contradições no discurso (Rabelo, 2023), para assim poder criar um ambiente suficientemente bom, que possibilite o reconhecimento e a comunicação assertiva das demandas — nem sempre conscientes — de cada membro do casal.

Todavia, em alguns momentos pode se fazer necessários o silêncio para regulação emocional. Caso durante a sessão as discussões se intensifiquem de uma forma não saudável, o terapeuta pode lançar mão da técnica de *Time--out*, solicitando que um dos participantes do casal deixe o cômodo onde a sessão está sendo realizada, fazendo uma pausa, para esta regulação antes de retornar o atendimento (Schmidt et al., 2020).

Para além destas técnicas e manejos, outras possibilidades interventivas que o terapeuta pode fazer uso, são as dinâmicas, jogos e brincadeiras, que formam um espaço potencial para que o(s) paciente(s) possam se expressar e refletir sobre estas expressões de forma segura e mediada pelo terapeuta (Tachibana et al., 2021).

Para dinâmicas *online*, não se é recomendado tarefas que demandem movimentação, ou rearranjos do espaço, pois isso pode causar interrupções na videochamada ou problemas com a internet, fios ou carregadores. Além disso, sempre que pensar uma nova dinâmica, o terapeuta precisa pensar em alternativas criativas, levando em considerações todas as variáveis do atendimento *online* (Schmidt *et al.*, 2020).

As escolhas das dinâmicas não ocorrem de forma arbitrária. A escolha de qual dinâmica e como ela deve ser conduzida passa pela interpretação do terapeuta sob o casal, ou seja, identificar os medos e desejos básicos que impedem que os indivíduos de interagirem de forma madura, para que assim escolha a dinâmica mais confortável para a exposição e experimentação de uma comunicação assertiva dentro do casal (Freire, 2019; Tachibana *et al.*, 2021).

CONSIDERAÇÕES FINAIS

A terapia de casal *online* é uma forma de atendimento que vem recentemente sendo pensada e repensada. Com seu exercício há pouco tempo, muito ainda tem-se a aprender e discutir, inclusive no âmbito acadêmico.

Este capítulo sintetiza muitas informações para que se possa pensar e fazer o atendimento de casal *online*, desvendando alguns mistérios e até mesmo mitos que cerceiam está modalidade de atendimento, possibilitando uma base sólida para instrumentalizar terapeutas que já trabalham com a terapia de casal, ou que só trabalharam com a terapia individual presencial ou *online*.

Todas as informações e orientações expostas neste capítulo servem de subsídio para pensar e fazer a prática de terapia de casal através das TICs, porém é importante ressaltar que este capítulo não tem como intuito enrijecer, limitar ou exaurir a forma de se fazer esta modalidade de atendimento.

A atuação do(a) psicólogo(a) precisa ser feita através da práxis, fazendo uma intersecção entre teoria e prática sessão por sessão, para que o atendimento se adeque a demanda do casal, e não que o casal se adeque a forma do atendimento, conseguindo assim, identificar as idiossincrasias do casal para fazer o que é melhor dentro dos atendimentos, inclusive, sabendo quando deve-se redirecionar ou mudar a modalidade do atendimento.

EXERCÍCIOS DE FIXAÇÃO

- Pense a seguinte situação-problema: casal durante o namoro, no qual o homem sente que recebe pouca atenção, sente falta da presença da companheira, e deseja evoluir a relação para um casamento. Do outro lado, uma mulher que investe a maior parte do seu tempo em estudo e trabalho, e tem uma eminente proposta de estudar fora do país. Ambos desejam manter a relação, mas estão tendo muitos conflitos pelas demandas de cada um. Esta é uma demanda possível de se trabalhar *online*? Se não, por quê? Se sim, como você construiria uma proposta interventiva de tratamento *online*?

- Dentro dos atendimentos de casal, como o terapeuta pode manejar debates morais sobre papéis no relacionamento?

REFERÊNCIAS

FREIRE, L. (Org.). **Terapia Familiar: Múltiplas Abordagens com Casais e Famílias.** 1ª ed. Curitiba: Appris, 2019.

PIGNATARO, M. B.; FERES-CARNEIRO, Terezinha; MELLO, Renata. A formação do casal conjugal: um enfoque psicanalítico. **Pensando famílias.**, Porto Alegre, v. 23, n. 1, p. 34-46, jun. 2019.

RABELO, A. M. V. Dizer e Desdizer: a contradição pela perspectiva da Psicanálise. **Intercâmbio**, [S. l.], v. 50, p. e58294, 2022.

SCHMIDT, B.; SILVA, I. M.; PIETA, M. A. M.; CREPALDI, M. A.; WAGNER, A. Terapia Online com Casais e Famílias: Prática e Formação na Pandemia de COVID-19. **Psicologia: Ciência e Profissão**, v. 40, n. Psicol. cienc. prof., 2020 40, p. e243001, 2020.

SOUZA, V. B.; SILVA, N. H. L. P.; MONTEIRO, M. F. **Psicoterapia online: manual para a prática clínica**. 1ªed. Curitiba: Ed. das Autoras 2020.

TACHIBANA, M.; PIZZO, G. M.; PAIVA, L. V.; OLIVEIRA, M. C. R. A clínica psicanalítica infantil na modalidade online: reflexões winnicottianas. **Revista Brasileira de Psicoterapia**. (Online); 23(3): 9-20, 2021.

Terapia de Grupo

Ligia Kinzo

INTRODUÇÃO

De acordo com Souza, Silva e Monteiro (2020), os grupos terapêuticos têm sido utilizados como uma modalidade eficaz de tratamento para uma variedade de problemas de saúde mental e comportamentais, assim como para o desenvolvimento pessoal e interpessoal. O uso desses grupos na terapia nos leva aos primórdios da história da psicoterapia, quando os pacientes se reuniam para discutir suas experiências e problemas. A terapia de grupo é uma abordagem terapêutica que busca trabalhar com as interações e dinâmicas sociais, promovendo o autoconhecimento, a melhora dos relacionamentos interpessoais e o desenvolvimento pessoal dos participantes (Yalom e Leszcz, 2005).

Uma das vantagens do atendimento terapêutico de grupo *online* é a possibilidade de interação em tempo real entre os participantes e o terapeuta, mesmo que eles estejam em locais diferentes (Lenhard *et al.*, 2019). Essa interação pode ser realizada por meio de videoconferência, *chats* ou fóruns de discussão (Simpson; Reid, 2014). Além disso, a terapia de grupo *online* também permite que os participantes compartilhem suas experiências e se apoiem mutuamente, o que pode ser muito útil para aqueles que se sentem isolados ou que têm dificuldades em estabelecer relações interpessoais (Glueckauf *et al.*, 2018).

Conforme delineado por Robertson (2021), os grupos terapêuticos exibem características distintas, notáveis por seu enquadramento terapêutico. Estes grupos devem ser liderados por um profissional de saúde mental adequadamente treinado e experiente. Sua composição é formada por indivíduos que compartilham problemáticas similares, unidos por um desejo mútuo de colaborar na resolução destas questões. Tais grupos são usualmente agendados em sessões periódicas, com duração predeterminada. Robertson (2021) também assinala que a participação nestes grupos ocorre de maneira voluntária, e os membros do grupo são encorajados a fazer a manutenção da confidencialidade e o respeito recíproco entre seus membros.

Os grupos terapêuticos podem ser categorizados em duas modalidades: abertos, onde novos participantes podem ingressar em qualquer estágio; e fechados, onde a composição de membros se mantém constante ao longo de todas as sessões. Podem variar em sua abordagem. Eles podem se dedicar a metas específicas, como o tratamento da ansiedade, depressão ou dependência, ou então adotar uma abordagem mais genérica em relação aos temas abordados.

A EVOLUÇÃO

Os grupos terapêuticos *online* surgiram como uma alternativa conveniente e acessível à terapia presencial. Como abordado anteriormente, a terapia em grupo existe há décadas, mas a disponibilidade de conexões de internet de alta velocidade permitiu que os grupos se encontrassem virtualmente em plataformas *online*, como salas de bate-papo e videoconferências.

A primeira geração de grupos terapêuticos *online* foi criada na década de 1980 e usavam redes de computadores primitivas, como o Usenet (Rheingold, 1993). Geralmente moderados por terapeutas treinados, eles se concentravam em tópicos específicos, como abuso de substâncias ou transtornos alimentares.

A Usenet é uma rede de discussão baseada em texto, criada nos anos 1970 como uma forma de compartilhar informações e discutir sobre diversos tópicos de interesse comum (Leiner, *et al.* 1997). Na Usenet, os usuários podem publicar mensagens em grupos de discussão (chamados de *newsgroups*), que abrangem uma ampla gama de tópicos, como ciência, tecnologia, esportes, entretenimento, entre outros.

As mensagens publicadas na Usenet são organizadas em tópicos específicos, facilitando a localização e o acesso às informações de interesse dos usuários. As mensagens são armazenadas em servidores Usenet, que podem ser acessados por meio de clientes de Usenet ou navegadores *web*.

A Usenet teve grande popularidade nas décadas de 1980 e 1990, sendo uma das principais formas de compartilhar informações e discutir sobre diferentes temas na internet (Rheingold, 1993). No entanto, com o surgimento de outras plataformas de discussão e compartilhamento de informações na internet, a Usenet perdeu popularidade, mas ainda é utilizada por alguns grupos de discussão e entusiastas de tecnologia.

Na medida em que a tecnologia avançava, surgiram plataformas de bate-papo e fóruns dedicados exclusivamente a grupos terapêuticos *online*, que podiam ser moderados por terapeutas e oferecer sessões de terapia ao vivo em tempo real (Barak *et al.*, 2008).

Nos últimos anos, a popularidade dos grupos terapêuticos *online* tem crescido significativamente, principalmente devido à pandemia de COVID-19, iniciada no início de 2020 (World Health Organization, 2020).

Hoje, há uma ampla gama de grupos terapêuticos *online* disponíveis para pessoas com diferentes necessidades, incluindo grupos que se concentram em transtornos mentais específicos, grupos para pais e familiares de pessoas com transtornos mentais e grupos para pessoas que enfrentam problemas comuns, como estresse e ansiedade (American Psychological Association, 2021).

Os grupos terapêuticos *online* também têm a vantagem de serem mais acessíveis e flexíveis do que a terapia presencial. Permitem acesso a mais pessoas, por serem mais flexíveis do ponto de vista financeiro, e conseguem alcançar aqueles que vivem em áreas distantes ou que têm mobilidade limitada (Sullivan *et al*., 2020).

No entanto, essa modalidade de atendimento também apresenta muitos desafios, como a falta do contato físico entre terapeutas e pacientes, e a possibilidade de que a tecnologia falhe ou de que ocorram problemas de privacidade. Portanto, é importante que sejam moderados por profissionais treinados e que as plataformas usadas para os grupos tenham medidas de segurança e privacidade adequadas (Gentry *et al*., 2021).

Assim como no atendimento individual, a terapia de grupos pode ser assíncrona e síncrona (Topooco *et al*., 2017).

GRUPOS ASSÍNCRONOS

De acordo com Souza (2020), grupos assíncronos são aqueles em que os participantes não se comunicam em tempo real, mas por meio de mensagens escritas em fóruns ou plataformas virtuais. Algumas características desses grupos são:

Flexibilidade: Os participantes podem acessar o grupo e contribuir com suas mensagens em horários diferentes, sem precisar estar presentes em um horário específico para participar das sessões.

Maior acessibilidade: Grupos terapêuticos *online* assíncronos podem ser uma opção mais acessível para pessoas que têm dificuldades em comparecer a sessões presenciais ou síncronas, por motivos como horários conflitantes, mobilidade reduzida, ou morar em regiões geograficamente distantes.

Maior reflexão: O tempo de resposta entre mensagens permite que os participantes tenham mais tempo para refletir sobre suas questões e contribuições, podendo elaborar mais suas ideias e emoções.

Menos pressão: O ambiente assíncrono pode ser menos intimidador para algumas pessoas do que o ambiente presencial ou síncrono, pois permite que elas possam expressar pensamentos com mais calma e sem a pressão de falar imediatamente.

Possibilidade de maior privacidade: As plataformas virtuais permitem que os participantes possam permanecer anônimos ou usar pseudônimos para proteger sua privacidade e conforto.

Necessidade de um moderador experiente: Grupos terapêuticos *online* assíncronos precisam de um moderador experiente que possa gerenciar as discussões e interações entre os participantes, garantindo um ambiente seguro e acolhedor.

Potencial de construção de comunidade: Apesar da comunicação assíncrona, os grupos terapêuticos *online* podem criar uma sensação de comunidade entre os participantes, na qual o compartilhamento de experiências e apoio mútuo podem ser encorajados.

São exemplos de grupos assíncronos os seguintes arranjos: fóruns de psico-educação, os quais configuram ambientes virtuais propícios à disseminação de conhecimento no âmbito da psicologia aplicada; fóruns temáticos concernentes à saúde mental, abordando questões particulares como depressão, luto e transtornos alimentares, e, por conseguinte, alicerçando plataformas de discussão especializada; grupos de trocas instantâneas, onde a interação entre os membros se processa de maneira imediata, mediada por plataformas de mensagens ou dispositivos de comunicação síncrona; e, por fim, grupos cuja dinâmica se ampara na troca de informações e opiniões por meio de listas de e-mails, apresentando-se como alternativas comunicativas assíncronas e persistentes.

Segundo Weinberg (2020), dentro dos grupos assíncronos, o foco é mais individual do que coletivo e exige participantes mais engajados em seus processos. Segundo Weinberg (2020), mesmo nos grupos assíncronos, a presença de um terapeuta fazendo a mediação e a organização já garante que os membros do grupo se sintam cuidados.

GRUPOS SÍNCRONOS

A terapia *online* força a mudança da configuração clássica presencial dos membros sentados em círculo para a configuração dos aplicativos de videochamada utilizados que, geralmente, colocam os participantes sem ordenação específica, com os vídeos de cada pessoa alinhados dependendo do dispositivo.

Ainda de acordo com Souza (2020), os grupos terapêuticos *online* síncronos possuem algumas características específicas. Nos encontros virtuais em tempo real, os participantes se conectam em um ambiente digital para engajar-se em sessões terapêuticas conduzidas ao vivo e previamente agendadas. A acessibilidade desses encontros transcende as barreiras geográficas. A dinâmica das interações ocorre de forma imediata, favorecendo a troca instantânea de informações e experiências, mitigando as restrições impostas pelo espaço. Esses encontros, portanto, possibilitam a interatividade e o intercâmbio de vivências.

Uma característica adicional reside na diversidade geográfica proporcionada por esses grupos. A dispersão dos participantes em distintas regiões do Brasil e do mundo propicia um contexto de diversidade cultural e experiencial, ampliando a riqueza das interações e contribuindo para uma abordagem mais abrangente das questões tratadas. A infraestrutura *online* viabiliza a compartimentalização expedita de informações, recursos e materiais entre os membros do grupo, aprimorando assim o processo colaborativo.

Contudo, a definição precisa de regras comportamentais e participação devem ser estabelecidas desde o início. Estabelecer um ambiente que assegure o conforto e o respeito mútuo dos participantes durante as sessões é essencial. A modalidade virtual fomenta o desenvolvimento de um senso de coesão e pertencimento entre os integrantes do grupo, propiciando a emergência de novas formas de vínculo e intimidade, uma vez que não existe proximidade física (Yellowlees e Shore, 2018).

No entanto, a preservação da privacidade individual é uma questão, dado que existe o compartilhamento de informações com outros membros do grupo. Em grupos maiores, pode haver uma diluição do ambiente acolhedor, à medida que a esfera privada se torna mais pessoas compartilham aquelas informações pessoais.

O QUE É NECESSÁRIO PARA UM GRUPO ONLINE ACONTECER?

Além dos cuidados já elencados nos capítulos anteriores, quando se trata de grupos, Souza (2020) também acredita ser importante ter-se em conta as especificidades deste tipo de atendimento. O contrato terapêutico adaptado para grupos constitui um documento fundamental que visa estabelecer parâmetros claros para a dinâmica interativa e assegurar a efetivação dos objetivos terapêuticos. Este contrato destaca a preservação das regras estipuladas e o comprometimento com a confidencialidade abrangendo os temas abordados do sigilo terapêutico. A utilização de vídeo e áudio deve ser obrigatória, e a atenção direcionada ao grupo deve ser enfatizada.

O acordo deve prever à desativação de aplicativos passíveis de distração, garantindo, assim, o foco no conteúdo terapêutico. A estipulação de um método de sinalização para a indicação de quem deseja falar deve ser preestabelecida.

O moderador deve assegurar que todos os membros tenham oportunidade para se manifestar, promovendo, desta forma, a inclusão e a diversidade de perspectivas. A preservação da integridade do grupo é garantida pela estipulação de que os participantes devem estar presentes de maneira individual, sem a presença de terceiros em seus respectivos espaços.

O contrato terapêutico adaptado para grupos incorpora uma série de disposições fundamentais que norteiam o comportamento, a interação e a participação dos membros. Esses acordos contribuem para o estabelecimento de um ambiente terapêutico *online* coeso e eficaz, ao delinear claramente as expectativas e responsabilidades de todos os envolvidos.

O(a) psicólogo(a) tem que ter a atenção redobrada em todos os participantes, para ser a ponte e o líder que, além de encorajar as pessoas a se expressarem, também estabeleça pontes entre os participantes, fazendo o paralelo com o tema em foco.

CONSIDERAÇÕES FINAIS

A terapia de grupo *online* também permite que os participantes compartilhem suas experiências e se apoiem mutuamente, o que pode ser muito útil para aqueles que se sentem isolados ou que têm dificuldades em estabelecer relações interpessoais (Glueckauf *et al.*, 2018).

No entanto, é importante ressaltar que o atendimento terapêutico de grupo *online* não é indicado para todas as pessoas. É preciso considerar que algumas pessoas podem se sentir desconfortáveis com a exposição em ambiente virtual, e que nem todas as questões podem ser trabalhadas em grupo (Sucala *et al.*, 2012). Além disso, é importante que o terapeuta esteja capacitado para lidar com as especificidades do atendimento *online*, como problemas técnicos, falta de privacidade e a dinâmica do grupo em ambiente virtual.

Assim, é fundamental que o atendimento terapêutico de grupo *online* seja realizado por profissionais capacitados e que sigam as normas éticas e de segurança (American Psychological Association, 2013). O terapeuta deve garantir que o ambiente virtual seja seguro e confidencial, além de respeitar as normas de privacidade e confidencialidade dos participantes (Hilty *et al.*, 2013).

Em resumo, o atendimento terapêutico de grupo *online* é uma opção válida e cada vez mais utilizada para o tratamento psicológico. Ele permite que as pessoas recebam ajuda sem precisar sair de casa, interajam com outros participantes e compartilhem suas experiências. No entanto, é importante que o terapeuta esteja capacitado para lidar com as especificidades do atendimento *online* e que siga as normas éticas e de segurança para garantir o melhor tratamento possível aos pacientes.

EXERCÍCIOS DE FIXAÇÃO

- Quais são as principais diferenças entre a terapia de grupo *online* e a terapia de grupo presencial em termos de benefícios e desafios?
- Como a terapia de grupo *online* pode ajudar pessoas que têm dificuldade em participar de sessões presenciais devido a limitações geográficas, de mobilidade ou de ansiedade social?

REFERÊNCIAS

AMERICAN PSYCHOLOGICAL ASSOCIATION. What you should know about online therapy. **APA.** Disponível em: https://www.apa.org/topics/online-therapy. Acessado em: 20 abril, 2023.

AMERICAN PSYCHOLOGICAL ASSOCIATION. Online Therapy, Telepsychology, and Virtual Mental Health Services. **APA.** Disponível em: https://www.apa.org/practice/guidelines/telepsychology 2021.

GENTRY, M. T. *et al.* Evidence and Ethics of Online Behavioral Health Therapy. In: **Mayo Clinic Proceedings**, v. 96, n. 5, 2021, p. 1306-1320.

GLUECKAUF, R. L. *et al.* Survey of psychologists' telebehavioral health practices: Technology use, ethical issues, and training needs. In: **Professional Psychology: Research and Practice**, v. 49, n. 3, 2018, p. 205.

HILTY, D. M. *et al.* The effectiveness of telemental halth: a 2013 review. In: **Telemedicine and e-Health**, v. 19, n. 6, 2013, p. 444-454.

HUMER, E. *et al.* Experiences of psychotherapists with remote psychotherapy during the COVID-19 pandemic: cross-sectional web-based survey study. In: **Journal of Medical Internet Research**, v. 22, n. 11, 2020, p. e20246.

LEINER, B. M. *et al.* The past and future history of the Internet. In: **Communications of the ACM**, v. 40, n. 2, 1997, p. 102-108.

LENHARD, F. et al. The internet intervention patient adherence scale for guided internet-delivered behavioral interventions: development and psychometric evaluation. In: **Journal of Medical Internet Research**, v. 21, n. 10, 2019, p. e13602.

RHEINGOLD, H. A slice of life in my virtual community. In: **Global networks: Computers and international communication**, 1993, p. 57-80.

ROBERTSON, H. C. **Telemental Health and Distance Counseling**. New York: Springer Publishing Company, 2021.

SIMPSON, S. G.; REID, C. L. Therapeutic alliance in videoconferencing psychotherapy: a review. In: **Australian Journal of Rural Health**, v. 22, n. 6, 2014, p. 280-299.

SOUZA, V. B. SILVA; MONTEIRO. **Psicoterapia online: manual para a prática clínica**. Curitiba: Editora das Autoras, 2020.

SUCALA, M. et al. The therapeutic relationship in e-therapy for mental health: a systematic review. In: **Journal of Medical Internet Research**, v. 14, n. 4, 2012, p. e110.

SULLIVAN, S. A. et al. The Impact of Telehealth Group Therapy During COVID-19. In: **Journal of Groups in Addiction & Recovery**, v. 15, n. 3, p. 228-241. 2020.

TOPOOCO, N. et al. Attitudes towards digital treatment for depression: a European stakeholder survey. In: **Internet Interventions**, v. 8, 2017, p. 1-9.

USENET. **Wikipedia**. Disponível em: https://en.wikipedia.org/wiki/Usenet. Acessado em: 20 abril, 2023.

WEINBERG, H.; ROLNICK, A. **Theory and practice of online therapy**. New York: Taylor & Francis, 2020.

WORLD HEALTH ORGANIZATION. WHO **Director-General's opening remarks at the media briefing on COVID-19 – 11 March 2020**. Disponível em: https://www.who.int/director-general/speeches/detail/who-director-general-s-opening-remarks-at-the-media-briefing-on-covid-19—11-march-2020. Acessado em: 9 abril, 2023.

YALOM, I. D.; LESZCZ, M. **Basic Books**. Hachette Book Group, 2005.

YELLOWLEES, Peter; SHORE, Jay H. Telepsychiatry and Health Technologies: A Guide for Mental Health Professionals. Edição ilustrada. American Psychiatric Pub, 2018. ISBN 1615371605, 9781615371600.

Atendimento *online* de expatriados

Ligia Kinzo

INTRODUÇÃO

O atendimento de expatriados nada mais é do que o atendimento psicológico *online* de pessoas que moram em um país estrangeiro. Para realizar esse tipo de atendimento, é preciso entender um pouco sobre como a cultura afeta o comportamento humano, como existe uma identidade étnica na qual cada indivíduo se identifica e, portanto, o impacto que a migração pode ter na vida dos indivíduos que vão morar em outros países. É importante considerar também que existem diferenças culturais no entendimento da saúde mental; assim, fazer terapia na língua materna pode ser um facilitador no processo terapêutico.

Atendimento *online* para expatriados é um tema que tem ganhado cada vez mais relevância na atualidade, devido ao aumento do número de pessoas que vivem e trabalham em outros países. O atendimento *online* permite que expatriados tenham acesso a informações e suporte em tempo real, independentemente de onde estejam.

Segundo uma pesquisa realizada por Mercer (2019), o número de expatriados em todo o mundo aumentou 3% em relação ao ano anterior, totalizando cerca de 41 milhões de pessoas. Isso mostra que o atendimento *online* para expatriados é um serviço importante e necessário, que pode ajudá-los a se adaptar a um novo país e a uma nova cultura.

ASPECTOS CULTURAIS

A saúde mental é um tema complexo e multifacetado, que pode ser influenciado por diversos fatores, incluindo o contexto cultural em que uma pessoa vive. As percepções e experiências relacionadas à saúde mental variam de acordo com a cultura, bem como o acesso às intervenções e tratamentos.

Desta maneira, a cultura exerce uma forte influência no comportamento das pessoas, moldando suas atitudes, valores e crenças. Já a identidade étnica se refere à maneira pela qual as pessoas se identificam com um grupo específico e constroem sua própria identidade. Segundo Nagel (2017), a identidade étnica não é algo inato, mas sim aprendido e construído ao longo do tempo, por meio de interações com outros membros do grupo, experiências compartilhadas e narrativas culturais. Ainda segundo Nagel (2017), a identidade étnica não é algo fixo ou imutável; portanto, pode ser negociado e redefinido em diferentes contextos sociais e históricos. Por exemplo, uma pessoa pode se identificar com um grupo étnico específico em um contexto nacionalista, mas pode se identificar com um grupo mais amplo em um contexto global.

Segundo Interian *et al.* (2018), por exemplo, há diferenças culturais nas percepções e experiências de depressão entre americanos brancos e latinos. Os resultados mostraram que as diferenças culturais afetaram a forma como a depressão foi compreendida e tratada, destacando a importância da adaptação cultural das intervenções em saúde mental.

VANTAGENS E DESAFIOS DA TERAPIA ONLINE DE EXPATRIADOS

Scherman *et al.* (2018) analisou os fatores estressores que afetam a saúde mental de migrantes mexicanos nos Estados Unidos. Os resultados indicaram que fatores como a adaptação a uma nova cultura, a saudade da família e amigos deixados para trás, bem como a discriminação racial, a falta de recursos financeiros e de apoio social são importantes fontes de estresse para migrantes mexicanos. Os autores também destacaram que o estresse da migração pode ter um impacto negativo na saúde mental dos migrantes, aumentando o risco de transtornos de ansiedade e depressão. Além disso, observaram que a falta de acesso a serviços de saúde mental adequados pode agravar ainda mais os problemas de saúde mental dos migrantes.

Uma das principais vantagens da terapia *online* é a possibilidade de acessar um terapeuta que fala a língua materna do paciente, independentemente de onde ele esteja. Isso é particularmente importante para pessoas que vivem em áreas rurais ou remotas, ou que têm dificuldades em encontrar terapeutas locais que falam sua língua materna e que entendam sua cultura.

Outro ponto de destaque é que a terapia *online* pode ser mais acessível em termos financeiros, o que pode ser especialmente importante para pessoas que não podem pagar por sessões presenciais de terapia. Dependendo do país onde a pessoa esteja, também pode ser vantajoso e mais acessível fazer terapia *online*.

Segundo uma pesquisa realizada por Vigerland *et al.* (2019), a terapia *online* na língua materna pode ser tão eficaz quanto a terapia presencial, e pode até mesmo ter algumas vantagens adicionais: pacientes relataram maior flexibilidade no agendamento de sessões, maior privacidade e maior satisfação com o tratamento.

Outra pesquisa realizada por Sucala *et al.* (2017) mostrou que a terapia *online* pode ser particularmente eficaz para pacientes que têm barreiras culturais ou linguísticas para acessar serviços de saúde mental, pois pode lhes oferecer um ambiente mais confortável e seguro, permitindo que expressem com mais facilidade suas preocupações e problemas.

Uma das principais vantagens do atendimento *online* para expatriados é a flexibilidade que ele oferece. Por meio de videoconferências, *chats*, e-mails e outros canais de comunicação *online*, os expatriados podem receber suporte e informações em tempo real, independentemente de onde estejam.

Além disso, o atendimento *online* para expatriados pode ajudar a reduzir o estresse e a ansiedade associados à adaptação em um novo país. De acordo com Zhu *et al.* (2017), o estresse relacionado à adaptação em um novo país pode levar a problemas de saúde mental, como ansiedade e depressão. O atendimento *online* pode ajudar a minimizar esses efeitos negativos, fornecendo suporte emocional e psicológico aos expatriados.

De acordo com Titz e Mai (2018), o suporte social presencial é uma parte essencial da adaptação de expatriados em um novo país. O estudo mostra que a qualidade e a quantidade do suporte social que os expatriados recebem estão diretamente relacionadas ao seu bem-estar psicológico e satisfação com a vida no país de acolhimento.

Dependendo da situação e da gravidade, o atendimento *online* pode ser uma ferramenta complementar e essencial ao suporte presencial. É importante que os expatriados tenham acesso a ambos os tipos de suporte, quando for necessário, para garantir uma adaptação bem-sucedida.

A condução terapêutica com pacientes em outros países requer a consideração de atenção especial à realidade do paciente. Dentre os fatores a serem abordados, destacam-se: a necessidade de atenção ao fuso horário diferente, contemplando potenciais ajustes relacionados a mudanças como horário de verão/inverno; a adaptação ao calendário local e aos feriados específicos do país do paciente; a avaliação e o mapeamento da rede de apoio e suporte disponíveis ao paciente, sobretudo nos momentos em que se façam importantes;

a consideração de possíveis atrasos na comunicação, bem como eventuais desafios associados à conectividade e qualidade da rede no contexto local.

Dependendo da situação e da gravidade, o atendimento *online* pode ser uma ferramenta complementar e essencial ao suporte presencial. É importante que os expatriados tenham acesso a ambos os tipos de suporte, quando for necessário, para garantir uma adaptação bem sucedida.

CONSIDERAÇÕES FINAIS

O estudo de Zaragoza *et al.* (2018) destaca a importância de reconhecer e abordar os fatores estressores que afetam a saúde mental dos migrantes, especialmente aqueles relacionados à adaptação a uma nova cultura, discriminação e falta de apoio social e financeiro. O estudo destaca a necessidade de políticas e programas que abordem esses fatores e forneçam suporte e serviços de saúde mental adequados para migrantes.

Portanto, a terapia *online* de expatriados consegue chegar rápido e ser uma ferramenta importante para a mudança, adaptação e acolhimento ao migrante, que está longe de seu país, cultura, rede de apoio e idioma. O terapeuta, nesse caso, consegue trabalhar com conteúdos conscientes e inconscientes, de maneira eficaz, promovendo a melhora, autoconhecimento e enfrentamento desse sentimento de não-pertencimento.

EXERCÍCIOS DE FIXAÇÃO

- Como o atendimento terapêutico *online* pode ajudar expatriados a lidar com questões relacionadas à adaptação cultural e aos desafios emocionais de viver longe de casa?

- Quais são as principais vantagens e desvantagens do atendimento terapêutico *online* em comparação com o atendimento presencial para expatriados?

REFERÊNCIAS

INTERIAN, A. *et al*. Cultural differences in the recognition and management of depression and anxiety among American and Latino patients. In: **Culture, Medicine, and Psychiatry**, 42(3), 589-606, 2018.

MERCER. **Global Talent Trends Study**. Disponível em: https://www.mercer.com/our-thinking/career/global-talent-hr-trends-study.html 2019. Acessado em: 28 de março de 2023.

NAGEL, J. Ethnic Identity. In: **The Stanford Encyclopedia of Philosophy**. Disponível em: https://plato.stanford.edu/entries/ethnic-identity/ 2017. Acessado em: Acessado em: 28 de março de 2023.

SUCALA, M., SCHNUR, J. B., CONSTANTINO, M. J., MILLER, S. J., BRACKMAN, E. H., & MONTGOMERY, G. H. (2017). The therapeutic relationship in e-therapy for mental health: A systematic review. In: **Journal of medical Internet research**, 19(4), e99.

TITZ, C., MAI, R. Exploring the role of social support in the acculturation and adaptation of expatriates in Switzerland. In: **International Journal of Intercultural Relations**, 63, 33-44, 2018.

VIGERLAND, S., Lenhard, F., BONNERT, M., LALOUNI, M. Internet-delivered cognitive behavior therapy for children and adolescents: A systematic review and meta-analysis. In: **Clinical Psychology Review**, 69, 1-10, 2019.

ZARAGOZA S. A. *et al*. Migration stress, acculturation, and mental health of Mexican migrants in the United States. In: **Transcultural Psychiatry**, v. 55, n. 5, p. 669-686, 2018.

ZHU, Y., WU, Y., YAO, J., LIU, X. A systematic review and meta-analysis of the association between acculturation and mental health in Chinese immigrants and their descendants. In: **BMC Public Health**, 17(1), 1-14, 2017.

Avaliação Psicológica

Ivelise Fortim, Heloísa Kuhnen e Gabriella Cronemberger

INTRODUÇÃO

A discussão sobre a aplicação de testes psicológicos de maneira digital não teve início na pandemia, sendo que houve uma primeira fase de adaptação de instrumentos para formato digital (Pinto, 1998). Desde o início da década de 2000, diversos instrumentos já haviam sido adaptados para esse formato (Alchieri; Nachtigall, 2003). Questões como: a) o acesso e alcance das avaliações (dado que disponibilidade dos testes psicológicos *online* pode ampliar o acesso aos serviços psicológicos, possibilitando atendimento a pessoas que, de outra forma, enfrentariam dificuldades em obter tratamento presencial devido a barreiras geográficas, limitações de mobilidade ou outras restrições); b) a validade e a confiabilidade (assegurar que os testes *online* produzam resultados precisos e consistentes, comparáveis aos testes realizados presencialmente); c) preservação de dados pessoais (preservação da privacidade e segurança dos dados dos pacientes, a obtenção de consentimento informado); d) adaptações culturais e ao formato *online* (dado que modificações substanciais são feitas nos modos de aplicação), bem como suas limitações, são discutidas há tempo considerável.

A avaliação psicológica (AP) é um procedimento técnico-científico realizado exclusivamente por um(a) psicólogo(a) e representa uma das mais importantes e frequentes atividades profissionais exercidas na Psicologia (Ambiel, Pereira; Moreira, 2015). Os instrumentos exclusivos de psicólogos(as) são chamados de Testes Psicológicos e tem sua utilização restrita a estes profissionais, ou seja, não podem ser aplicados por profissionais de outras áreas. Para garantir que isso ocorra, esses testes são vendidos por editoras especializadas, mediante apresentação da carteira do Conselho Federal de Psicologia, ou equivalente, como a Certidão de Regularidade de Inscrição no Conselho, caso a pessoa seja recém-formada. Também é importante pontuar que o papel dos instrumentos pode ser diferente de acordo com a teoria psicológica adotada pelo profissional.

O Sistema de Avaliação de Testes Psicológicos (SATEPSI) apresenta uma lista de testes aprovados para o uso do(a) psicólogo(a) e pode ser consultado pelos profissionais através do *site* do Conselho Federal de Psicologia. Os demais instrumentos vendidos pelas editoras, portanto, ou não tem aprovação do Conselho (por terem tido pareceres desfavoráveis), ou não se configuram como de uso exclusivo do(a) psicólogo(a). Os(as) psicólogos(as) (e demais profissionais) não devem utilizar testes psicológicos com pareceres desfavoráveis.

Em relação às diretrizes para a realização da AP pelo(a) psicólogo(a), a Resolução nº 031/2022 prevê que o profissional deve fazer a escolha pelo instrumento baseado no reconhecimento científico do método utilizado, sendo que os documentos a serem realizados a partir dos resultados obtidos no processo devem seguir as diretrizes do Conselho de acordo com as normas vigentes. Considera-se como testes psicológicos: testes, escalas, inventários, questionários e métodos projetivos e expressivos. Desse modo, a mesma resolução prevê que a aplicação, a correção e a interpretação dos testes psicológicos devem seguir o manual técnico estabelecido e aprovado pelo SATEPSI.

A Resolução nº 005/2012 do Conselho Federal de Psicologia (CFP) estabelece que para que os testes psicológicos sejam identificados como favoráveis ao uso, os instrumentos deverão contemplar os requisitos éticos e de defesa dos direitos humanos, assim como os requisitos técnicos e científicos definidos na Resolução CFP nº 031/2022. Tais requisitos abrangem, entre outros aspectos, indicadores de precisão e de validade, bem como um sistema de correção e interpretação de dados fundamentados teórica e empiricamente.

A avaliação do cumprimento desses requisitos é uma das tarefas da Comissão Consultiva de Avaliação Psicológica (CCAP) do CFP, cuja composição é formada por pesquisadores e conselheiros com experiência e produção científica na área da AP, assim como institui a Resolução CFP nº 002/2003. Dessa forma, a utilização de um teste psicológico que conste na relação dos instrumentos considerados desfavoráveis pelo CFP será considerada falta ética, salvo quando utilizado em situações de pesquisa, com o objetivo de estudar o teste e adaptá-lo. Desse modo, utilizar um instrumento desfavorável pode acarretar aplicações de penalidades definidas pelo Conselho Federal de Psicologia.

Bandeira, Andrade e Peixoto (2021) abordam que muitos cursos de Psicologia no Brasil não oferecem as condições necessárias para que os alunos tenham domínio suficiente para aplicar testes psicológicos após a formação, sem realizarem cursos específicos com essa finalidade. Isso é especialmente importante quando pensamos em aplicação de testes *online*. Para eles, a formação ideal para que psicólogos(as) possam aplicar testes psicológicos diretamente da universidade consiste em conhecimento a respeito da psicometria, a qual permite a distinção de quais testes psicológicos devem ser utilizados em determinada situação e quais devem ser evitados. Além disso, os profissionais também devem buscar instrumentos que possibilitem uma interpretação de acordo com a realidade vivenciada pela população atendida (Bandeira, Andrade; Peixoto, 2021). No Brasil, o ensino da aplicação de testes ainda é majoritariamente feito de forma analógica, havendo pouco espaço para o ensino da aplicação *online*.

Em relação à aplicação de testes psicológicos de modo *online*, a Resolução nº 011/2018 prevê que poderão ser utilizados testes psicológicos desde que estes estejam aprovados para a aplicação de modo remoto, através do site do SATEPSI. A lista atual (no ano de 2023) é composta por 22 instrumentos que podem ser aplicados de forma *online* ou de maneira informatizada. De acordo com Marasca et al. (2020), a aplicação de testes psicológicos de forma informatizada não é equivalente à aplicação do teste em formato remoto, sendo assim, definida pela utilização de computador e outros recursos tecnológicos na sua aplicação, mas devendo ser aplicada presencialmente com a pessoa a ser avaliada. Ou seja, existem estes que, apesar de possuírem versão digital devem ser aplicados presencialmente e apenas corrigidos com auxílio do computador.

É necessário que o profissional que for realizar a aplicação de testes psicológicos de forma *online* tenha uma inscrição no site do E-Psi, de acordo com a Resolução CFP nº 004/2020, fundamentando e justificando a sua escolha para esse formato de aplicação através de um formulário. A mesma resolução prevê que após a inscrição o profissional pode utilizar o modo remoto para atendimento enquanto aguarda a aprovação do Conselho de seu requerimento. A partir do momento em que a solicitação é deferida, o profissional pode continuar realizando a aplicação de testes psicológicos de modo remoto, atentando-se para as condições estabelecidas pelo Conselho Federal de Psicologia, como descritas acima.

Para a aplicação de testes psicológicos de forma *online*, é necessário que o profissional entenda e compreenda os motivos de escolher essas condições. Para tanto, Marasca *et al.* (2020) explicitam os pontos negativos e positivos para a aplicação de testes psicológicos de forma *online*. Os autores definem que se deve ponderar sobre a pessoa a ser atendida, de forma a compreender se o uso das ferramentas digitais seria benéfico para a situação, como, por exemplo, verificar se a pessoa apresenta condições físicas, cognitivas e outros fatores culturais, assim como familiaridade com os recursos tecnológicos e disponibilidade de acesso à rede de Internet. Atenta-se para a necessidade de considerar essas questões, pois elas podem influenciar no resultado do teste, sendo de extrema importância para os aplicadores e para garantir a validade das informações obtidas.

Outro ponto importante é que a aplicação de avaliação psicológica de modo remoto não é recomendada em casos de sintomas psicóticos, uso e abuso de substâncias químicas e alguns casos de transtornos psicológicos, pois podem apresentar riscos para a pessoa que será avaliada (APA, 2013). Sendo assim, Marasca *et al.* (2020) recomendam que o profissional deva se questionar em virtude dos aspectos positivos e negativos dessa escolha. Além disso, é necessário que o(a) psicólogo(a) se atente para as recomendações referentes ao *setting*, como garantir que não será interrompido, que esteja em um ambiente sem distrações e com privacidade, assim como também deve orientar a pessoa a ser avaliada a tomar medidas que mantenham essas condições (Marasca *et al.*, 2020).

Os autores compreendem que copiar o instrumento para o formato digital não garante que ele terá a mesma validade e resultados, pois alguns fatores podem ser alterados, como o formato e cores de determinados estímulos. Marasca *et al.* (2020) sugerem que os testes devem ser estudados e pesquisados a fim de garantir que apresentem a mesma validação, padronização e evidências de validade do que os que são realizados de forma presencial, assim como a Resolução nº 011/2018 determina.

Em relação aos aspectos positivos, o uso de testes no contexto *online* permite a precisão de respostas, como o tempo de reação a determinado estímulo e o movimento ocular do avaliado (Marasca *et al.*, 2020). Os autores também definem que a aplicação de testes psicológicos *online* garante maior interação entre o aplicador e a pessoa avaliada, assim como também permite a facilidade no momento de pontuação e interpretação dos resultados obtidos durante a avaliação psicológica. Outro ponto interessante indicado por Marasca *et al.* (2020) é o fato de que a aplicação no formato remoto permite uma redução de custos como aluguel de salas, transporte, estacionamento, mas também acrescenta-se outros gastos, como em relação aos aparelhos eletrônicos a serem utilizados, plataformas digitais para o atendimento e a aquisição de manuais técnicos de testes psicológicos *online*, devendo o profissional analisar se isso o auxilia ou não durante a escolha da aplicação do instrumento de modo *online* ou presencial.

EXEMPLO:
AVALIAÇÃO NEUROPSICOLÓGICA ONLINE

A Resolução n° 002/2004 do CFP em seu artigo 3° reconhece que "A especialidade de Neuropsicologia fica instituída com a seguinte definição: Atua no diagnóstico, no acompanhamento, no tratamento e na pesquisa da cognição, das emoções, da personalidade e do comportamento sob o enfoque da relação entre estes aspectos e o funcionamento cerebral".

Para investigação desses diferentes aspectos, a avaliação neuropsicológica é composta pelas etapas de anamnese com o paciente e/ou seu cuidador/familiar, aplicação dos instrumentos que variam entre testes e escalas que são selecionados de acordo com a hipótese investigada, correção e análise dos resultados, observação qualitativa, elaboração do laudo, devolutiva e recomendações e encaminhamentos apropriados. Devido à Pandemia de COVID-19 os profissionais da neuropsicologia também precisaram fazer adaptações em relação ao processo de avaliação neuropsicológica.

Pode-se pensar que a etapa de anamnese seja mais facilmente adaptada para o contexto *online*, visto que corresponde a uma entrevista inicial, não havendo grandes limitações de sua aplicação em relação ao formato clínico presencial. Porém, perde-se a qualidade da observação clínica do paciente em termos de aspectos não verbais, que podem ser sintomas ou comportamentos relevantes para o profissional. Além disso, deve-se considerar e ter cuidado a respeito de qual hipótese/diagnóstico será investigado.

Uma vantagem desse modelo é a maior facilidade de contato com os familiares ou cuidadores dos pacientes para coleta de informações que muitas vezes são fundamentais para compreensão da história, contexto e dificuldades do paciente.

No caso da fase de aplicação dos instrumentos os cuidados e limitações podem ser maiores. Tais instrumentos podem ter métodos de análise quantitativos ou qualitativos e alguns são restritos ou não ao uso de psicólogos(as). No caso dos testes restritos ao uso de profissionais psicólogos(as), seu uso deve respeitar a condição de status favorável pelo do Sistema de Avaliação de

Testes Psicológicos – SATEPSI. Os instrumentos de uso não restritos a psicólogos(as) podem ser usados, porém, de forma complementar, como tarefas, desde que tenham fundamentação científica.

Os instrumentos possuem protocolos de aplicação que são de responsabilidade do(a) psicólogo(a). São ainda poucos os instrumentos que têm sua aplicação *online* ou informatizada e devem seguir também a Nota técnica nº 7/2019/GTEC/CG. Muitos deles contêm folhas de aplicação e registros próprios, com preenchimento que devem ser feitos pelos próprios pacientes manualmente, ou que seja necessário manusear materiais, vê-los em determinada posição, e outros nos quais há a necessidade de contagem de tempo.

Além disso, para Morais *et al.* (2023) na avaliação neuropsicológica, as principais limitações associadas à aplicação de avaliação neuropsicológica *online* estão relacionadas à ausência de contato comunicativo vivencial direto entre o neuropsicólogo e o paciente. Essa falta de interação presencial dificulta a realização da avaliação neuropsicológica, tornando complexa a aplicação dos procedimentos dos protocolos de avaliação e o seguimento preciso de todo o processo de aplicação. Além disso, quanto mais rígido for o procedimento de avaliação, como a exigência de indicações precisas, registro de tempo e ausência de ajudas ou possibilidade de modificação dos itens das provas, mais desafiador se torna o trabalho no contexto do atendimento remoto. Essa situação se aplica especialmente aos testes psicométricos, cujas características demandam maior rigidez e padronização.

Morais *et al.* (2023) também citam algumas tentativas de adaptações, através do uso de câmeras bem ajustadas para que o profissional consiga ver a execução da tarefa pelo paciente ou fotos das atividades. Porém, deve-se atentar para a responsabilidade do(a) psicólogo(a) de cuidado com os dados dos pacientes, mas também dos materiais restritos ao uso do profissional, conforme prevê o Código de Ética da profissão.

Morais *et al.* (2023) reconhecem ainda que no caso da avaliação neuropsicológica infantil, o desafio pode ser ainda maior. A obtenção de condições adequadas nesse contexto, tais como uma posição sentada apropriada, disposição sem interferências externas, representa um desafio significativo para o profissional na preparação e condução das sessões. Essa situação aumenta a exigência de que o neuropsicólogo comunique de forma clara ao paciente os objetivos e a importância do processo de intervenção, visando manter o comprometimento do paciente, o que também depende do seu nível de maturação psicológica.

Diante disso, também deve-se pensar na maior dificuldade de controle do espaço de aplicação da avaliação, que também deve seguir o que orientam os protocolos dos instrumentos para que suas aplicações sejam validadas. Schmand (2019) explica ainda que muitos testes neuropsicológicos já foram digitalizados como "(...) testes de velocidade de reação, testes de desempenho contínuo e testes de classificação de cartões." (p. 210). Porém, ele discute em seu trabalho as dificuldades psicométricas, técnicas e teóricas encontradas para a elaboração de testes informatizados e explica fatores para possível resistência para sua elaboração e uso.

Vale dizer sobre o que apresenta Parsons *et al.* (2021) a respeito da possibilidade da avaliação neuropsicológica assistida, mesmo antes da pandemia. A maioria dos estudos examinou o uso do Teste Neuropsicológico (TNP) assistido, no qual um neuropsicólogo interage com os pacientes em um ambiente clínico, estando ambos em locais remotos, assegurando a conectividade apropriada à Internet e um ambiente isento de distrações. Além disso, em alguns estudos, foi fornecido um inspetor para auxiliar na gestão dos materiais de teste.

Considera-se importante dizer que houve dificuldade para se encontrar estudos brasileiros a respeito da avaliação neuropsicológica *online*, o que seria importante para que se refletisse sobre sua efetividade a partir dos testes que são validados pelo Conselho Federal. Nesse sentido é o que também considera Martins (2022, p. 42) "A avaliação neuropsicológica de crianças e adolescentes em contexto *online*, embora já regulamentada em nosso país (CFP, 2018), ainda carece de instrumentos adequados para sua realização em contexto nacional".

CONSIDERAÇÕES FINAIS

A aplicação de testes psicológicos *online* requer cuidados específicos, como a verificação da identidade do cliente, a verificação da adequação do formato digital para cada situação, considerando fatores como a familiaridade do paciente com tecnologias, disponibilidade de acesso à internet e questões culturais. Além disso, é necessário ponderar sobre a escolha do formato *online*, levando em conta as características e necessidades do paciente.

Embora a aplicação *online* dos testes possa trazer vantagens, como maior precisão em algumas medidas e facilidade na interação com o paciente, também apresenta desafios, especialmente em relação à aplicação de testes quantitativos que exigem um procedimento rígido. A adaptação de testes neuropsicológicos para o formato *online* também enfrenta dificuldades técnicas, psicométricas e teóricas (Schmand, 2019).

É importante destacar que a avaliação neuropsicológica *online* requer cuidados adicionais, especialmente em relação à anamnese e ao controle do ambiente de aplicação, considerando o contexto e as características específicas do paciente (Parsons et al., 2021). No Brasil, ainda há poucos estudos sobre a avaliação neuropsicológica *online*, o que ressalta a necessidade de se desenvolverem instrumentos adequados para esse contexto (Martins, 2022).

Em suma, a aplicação de testes psicológicos *online* é um tema relevante e complexo, que demanda reflexão e aprimoramento contínuo. A evolução tecnológica proporciona oportunidades para ampliar o alcance dos serviços psicológicos e aprimorar as práticas de avaliação, mas é essencial que tais avanços sejam realizados de forma ética, cientificamente embasada e comprometida com o bem-estar e a segurança dos pacientes. A discussão acerca da aplicação de testes psicológicos *online* deve ser contínua e embasada em estudos empíricos, buscando sempre aprimorar as práticas e garantir a qualidade dos serviços oferecidos.

EXERCÍCIOS DE FIXAÇÃO

- Por que o(a) psicólogo(a) deve utilizar somente os testes psicológicos aprovados pelo CFP?
- Em quais contextos você acha que seria justificável utilizar um instrumento psicológico *online*?

REFERÊNCIAS

ALCHIERI, J. C.; NACHTIGALL, V. B. Testes psicológicos informatizados: a situação brasileira / Computerized psychological tests: brazilian situation. **Bol. psicol**, v. 53, n. 119, p. 187-200, jul.-dez. 2003. tab.

AMBIEL, R. A. M.; PEREIRA, C. P. S.; MOREIRA, T. C. Produção científica em avaliação psicológica no contexto educacional: enfoque nas variáveis socioemocionais. **Aval. psicol**., Itatiba, v. 14, n. 3, p. 339-346, dez. 2015.

AMERICAN PSYCHOLOGICAL ASSOCIATION. Guidelines for the Practice of Telepsychology. In: **American Psychologist**, v. 68, n. 9, 2013.

BANDEIRA, D.; ANDRADE, J.; PEIXOTO, E. O Uso de Testes Psicológicos: Formação, Avaliação e Critérios de Restrição. In: Psicologia: Ciência e Profissão, v. 41, p. 1-12, 2021.

CONSELHO FEDERAL DE PSICOLOGIA. **Resolução CFP nº 002/2003**. Define e regulamenta o uso, a elaboração e a comercialização de testes psicológicos e revoga a Resolução CFP nº 025/2001.

CONSELHO FEDERAL DE PSICOLOGIA. **Resolução CFP nº 005/2012**. Altera a Resolução CFP nº 002/2003, que define e regulamenta o uso, a elaboração e a comercialização de testes psicológicos.

CONSELHO FEDERAL DE PSICOLOGIA. **Resolução CFP nº 011/2018.** Regulamenta a prestação de serviços psicológicos realizados por meios de tecnologias da informação e da comunicação e revoga a Resolução CFP nº 11/2012.

CONSELHO FEDERAL DE PSICOLOGIA. **Resolução CFP nº 004/2020.** Dispõe sobre regulamentação de serviços psicológicos prestados por meio de Tecnologia da Informação e da Comunicação durante a pandemia do COVID-19.

CONSELHO FEDERAL DE PSICOLOGIA. **Resolução CFP nº 031/2022.** Estabelece diretrizes para a realização de Avaliação Psicológica no exercício profissional da psicóloga e do psicólogo, regulamenta o Sistema de Avaliação de Testes Psicológicos – SATEPSI e revoga a Resolução CFP nº 09/2018.

CONSELHO FEDERAL DE PSICOLOGIA. **NOTA TÉCNICA nº 7/2019/GTEC/CG** Disponível em: https://site.cfp.org.br/wp-content/uploads/2019/10/Nota-T%C3%A9cnica-CFP-07.2019.pdf Acesso em 15 de maio de 2023.

MARASCA, A.; YATES, D.; SCHNEIDER, A.; FEIJÓ, L.; BANDEIRA, D. Avaliação psicológica online: considerações a partir da pandemia do novo coronavírus (COVID-19) para a prática e o ensino no contexto a distância. In: **Estudos de Psicologia**, Campinas, v. 37, p. 1-11, 2020.

MORAIS, C. P. G.; SOLOVIEVA, Y.; CHASTINET, J. B.; ROJAS, L. Q. Reflexões sobre o Trabalho Online da Neuropsicologia Infantil numa Visão Histórico-Cultural. **Psicologia: Ciência e Profissão**, v. 43, p. 1-16, 2023. DOI: https://doi.org/10.1590/1982-3703003246224.

PARSONS, M. W. et al. Feasibility and acceptance of direct-to-home tele-neuropsychology services during the COVID-19 Pandemic. **Journal of the International Neuropsychological Society**, v. 28, n. 2, p. 1-6, 2021. DOI: https://doi.org/10.1017/S1355617721000436.

PINTO, E. M. R. A informatização dos testes psicológicos. Trabalho apresentado no Psycholnfo 98 / Seminário Nacional de Psicologia e Informática. Brasília: **Conselho Federal de Psicologia**, 1998. Disponível em: http://www.psicologia.ufrj.br/textos (p. 68-79).

SCHMAND, B. Why are neuropsychologists so reluctant to embrace modern assessment techniques? **The Clinical Neuropsychologist**, v. 33, n. 2, p. 209-219, 2019. Disponível em: http://dx.doi.org/10.1080/13854046.2018.1523468.

Sistemas de Terapia Automatizados e Aplicativos de Saúde Mental

Thiago Francisco Peppe Del Poço

INTRODUÇÃO

Os Sistemas de Terapia Automatizados são aplicações que utilizam como base conhecimento da área de Psicologia. São softwares (Apps) programados que promovem Saúde Mental e tratam transtornos psicológicos.

A maioria desses aplicativos utilizam a Terapia Cognitivo Comportamental (TCC), que é uma terapia baseada em evidências, ou seja, em dados científicos. Em linhas gerais a teoria da TCC tem como causalidade do comportamento, os pensamentos disfuncionais que refletem na forma como as pessoas interpretam determinada experiência, principalmente indivíduos com transtornos psiquiátricos. De acordo com o modelo de Beck (2016), esses pensamentos desadaptativos incluem crenças gerais sobre o mundo, o eu e o futuro, dando origem a pensamentos específicos e automáticos em situações particulares. Sua prática clínica utiliza modificação desses pensamentos disfuncionais que tem como efeito mudança de emoções negativas para positivas e em seguida uma mudança nas ações (comportamento) do indivíduo. O pensamento afeta a forma como as pessoas se sentem e consequentemente como agem no mundo.

O nome designado para esse tipo de terapia cognitivo comportamental que utiliza a internet como meio de intervenção foi "iCBT" (*Internet Cognitive Behavior Therapy*) ou iTCC (Terapia Cognitivo Comportamental via internet).

As terapias automatizadas apareceram no final da década de 1990, quando foram criadas novas possibilidades de tratamentos psicológicos.

TIPOS, CARACTERÍSTICAS E FUNCIONAMENTO DOS SISTEMAS DE TERAPIA AUTOMATIZADOS

Existem as iTCCs que podem ser utilizadas pelo computador ou *smartphone*. Uma forma de classificar essas terapias é pelo modo de acompanhamento, que podem ser autoguiadas ou guiadas pelo terapeuta (Kumar et al., 2017).

As autoguiadas são aquelas que o paciente utiliza sem acompanhamento de um terapeuta, o próprio paciente é responsável pelo seu tratamento sem utilizar terapeuta como apoio. As terapias autoguiadas podem ser modulares ou contínuas. As terapias modulares abordam diferentes áreas temáticas relacionadas aos problemas de saúde mental específicos. Esses módulos contêm informações, exercícios e atividades práticas para ajudar os pacientes a compreenderem e lidarem com seus sintomas. O usuário deve completar um módulo para que tenha acesso à próxima fase (módulo). O sistema que pode ter inteligência artificial (assistentes virtuais), guia o paciente através de módulos a serem realizados, a cada módulo o paciente avança para o próximo até concluir seu tratamento. Já nas contínuas, o usuário não precisa completar módulos para continuar, pode utilizar os recursos no tempo que quiser. Um bate-papo baseado em inteligência artificial pode ser usado.

As terapias podem também ser guiadas pelo terapeuta, o clínico tem um papel importante na utilização do sistema pelo usuário, pois poderá marcar sessões semanais ou ainda mandar mensagens assim que precisar com o terapeuta. Outro fator importante é o terapeuta acompanhar e manter o engajamento do usuário nesse tipo de tratamento.

As iTCCs também podem ser classificas por objetivo de tratamento: específicas e genéricas. As específicas são direcionadas para um transtorno psiquiátrico específico como Ansiedade ou Depressão, por exemplo. As genéricas podem tratar qualquer tipo de demanda do usuário.

Dentro da categoria "específicas", atualmente existem iTCCs específicos para tratamento de Depressão Moderada, Transtorno de Ansiedade Generalizada, Transtorno do Pânico, Transtorno Obsessivo Compulsivo e Transtorno do Estresse Pós-traumático.

Kumar *et al.* (2017) também apontam que as existem três partes indispensáveis das Terapias Automatizadas: A primeira é plataforma eletrônica segura que deve seguir padrões de segurança específicos, para que os dados do usuário estejam protegidos e não corram risco de vazarem. A segunda é programa apropriado, deve ser apropriado para cada transtorno psiquiátrico no caso de uma iTCC específica. O último item é orientação de um clínico, para os sistemas guiados pelo terapeuta, é necessário o acompanhamento de um(a) psicólogo(a) clínico para as sessões semanais ou trocas de mensagens.

A duração do tratamento varia conforme a demanda, em alguns sistemas duram até 5 minutos, outros duram 12 semanas (Transtorno do Pânico).

Esses aplicativos possuem certos recursos para o paciente como:

Diário do Sono: Registro em que o usuário relata informações do seu sono como tempo e qualidade do sono;

Registro de pensamentos mal adaptativos: O usuário registra os pensamentos que podem atrapalhar as suas ações do dia a dia;

Exercícios de relaxamento com ou sem o terapeuta: Exercícios de respiração ou *mindfulness* (atenção plena) que podem ser autoguiados ou guiados pelo(a) psicólogo(a).

No modo "guiado pelo terapeuta", o clínico tem o papel de encorajar as crenças e pensamentos mais adaptativos do paciente, utiliza de empatia e motivação para que o usuário realize as tarefas dos programas. Pacientes psiquiátricos com sintomas severos, mostram melhores resultados com o acompanhamento do Terapeuta junto com iTCC (Kumar *et al.*, 2017).

O Quadro 1 mostra o funcionamento das iTCCs, as categorias são: aplicativos; protocolo de atendimento; apoio e orientação do terapeuta.

Quadro 1. *Funcionamento das iTCCs. Adaptada de Kumar (2017)*

Aplicativos	Protocolo de Tratamento	Apoio e Orientação do Terapeuta
Personalizados, baseado nas condições que forem usados.	Baseado em iTCCs para um *app* ou página *web*, grande variedade de tratamentos oferecidos.	Componente opcional do programa. Por e-mails semanais ou mensagens de textos (*chats*).
Múltiplas Versões e Múltiplas Linguagens.	Conforme tarefas e atividades são completadas, o programa passa para o nível seguinte.	Podem incluir tarefas ("lições de casa") e questionários.
Logins e senhas personalizadas e únicas ligados a um e-mail.	Programa oferece arquivos multimídia como *vídeos* para baixar e assistir via *streaming*.	O terapeuta pode responder perguntas individuais e/ou dar orientação para a realização das tarefas e atividades, dar motivação, assegurando o acompanhamento.
Apps podem se ligar a *sites* de redes sociais.	Privacidade e proteção dos dados confidenciais do paciente.	

Os pacientes que não apresentam aderência em terapias tradicionais, encontram nesses sistemas de terapia uma nova possibilidade, conectando saúde mental e tecnologia. Pacientes que por vergonha ou estima sobre atendimento psicoterápico podem encontrar uma alternativa utilizando as iTCCs, como apontam Stiles-Shields *et al.* (2018). Esses *apps* devem incluir ferramentas de segurança adequadas para proteger as informações do paciente. A maioria dos *apps* de iTCCs possuem questionários de pré e pós uso e a possibilidade de fazer terapia por e-mail ou sessões semanais *online* com um terapeuta da TCC. Comparando o formato via internet com o aplicativo das TCCs, a tradicional mostra maior tempo gasto, é mais cara e possui maior taxa de desistência, conferindo às iTCCs, vantagens.

As iTCCs ajudam os pacientes a entenderem melhor suas doenças, através de psicoeducação de transtornos psiquiátricos e também com treinamento de habilidades sociais que é necessário para alguns transtornos. Apresenta eficácia para controle do estresse, diminuindo sua severidade e reduzindo impulsos e níveis elevados de estresse, também melhorando a cognição e qualidade de vida dos pacientes.

SISTEMAS DE TERAPIA AUTOMATIZADOS E PSICOPATOLOGIAS

Kumar *et al.* (2017) apontam em sua meta-análise de eficácia das iTCCs, que para os transtornos do sono, mostraram eficácia considerável. No Ocidente, cerca de 10% dos adultos apresentam insônia, comprometimento cognitivo, níveis mais elevados de fadiga, baixa concentração, depressão e ansiedade que são comuns naqueles que sofrem de insônia. As vantagens de ter um aplicativo específico para sono é a sua portabilidade, uma vez que pode ser utilizado com qualquer dispositivo, isto é, também economiza custos, uma vez que é necessário ter menos tempo com um terapeuta e pode atingir altos níveis de disseminação. Os aplicativos de sono incluem um diário de sono, exercícios de relaxamento e educação sobre higiene do sono. O aplicativo mostrou eficácia considerável ao lidar com insônia não apenas, mas também com sintomas associados, como depressão e ansiedade.

Kumar *et al.* (2017) encontraram dados sobre a eficácia e também os seguintes resultados para as seguintes questões de saúde e saúde mental:

Prevenção do Suicídio: os sistemas de terapia automatizados têm desempenhado um papel importante na prevenção do suicídio. Pacientes com pensamentos suicidas acham mais difícil procurar ajuda e apoio devido a fatores financeiros e estigmas sociais. Apesar de que pacientes se beneficiam da terapia presencial, as iTCCs mostraram uma promessa considerável ao diminuir tentativas de suicídio, ideação suicida e automutilação, especialmente na população mais jovem. Ainda reduzem alguns preditores de suicídio (desesperança e dificuldade na resolução de problemas). Devem ser conduzidas mais pesquisas nessa área, esses dados são iniciais.

Doenças Orgânicas: os transtornos psiquiátricos são comuns em doenças médicas crônicas e graves. No diabetes mellitus, uma das doenças médicas crônicas mais comuns, a depressão é duas vezes mais comum quando comparada à população geral. Programas genéricos que oferecem iTCCs foram considerados eficientes e aceitáveis em pacientes com diabetes e depressão. No entanto, é necessário adaptar programas para aqueles com diabetes mellitus e para avaliar ainda mais os resultados a longo prazo. Os pacientes com insuficiência cardíaca tendem a desenvolver mais pensamentos negativos, desesperança, incerteza e ansiedade. Nesse caso, foi verificado que esses pacientes preferem psicoterapia tradicional.

Mulheres em situação pré-natal e puerperal: verifica-se que elas experimentam mais estresse, ansiedade e sintomas de depressão. As mulheres grávidas também tendem a usar a internet como sua principal fonte de informação. As intervenções durante o período perinatal e pós-parto demonstraram um efeito melhor do que os do período pré-natal. Nessas mulheres, o uso dessa terapia resultou em redução significativa nos sintomas de ansiedade, estresse e depressão. Para sobreviventes de câncer de mama, a iTCC mostrou melhora da imagem do corpo, da função sexual, redução dos sintomas relacionados à menopausa tais como ondas de calor e sudorese, e ainda, melhoraram a saúde e a qualidade de vida das pacientes.

Dor crônica: numerosos estudos mostram os benefícios da iTCC no manejo da dor crônica causada por doenças. O custo anual do tratamento da dor é mais do que o custo do tratamento de doenças do coração, diabetes e câncer combinados nos Estados Unidos. Aplicativos de manejo de dor, como *e-Ouch* ou *HabitChanger* são projetados na forma de um diário de dor, onde os pacientes podem fazer *login*, fazer entradas no diário três vezes por dia, e obter *feedback* junto com o treinamento. O aplicativo também faz *links* para *sites* de redes sociais como o Twitter. A iTCC também ajudou na redução da dor, na melhoria da rigidez reduzindo a angústia e sintomas de depressão em adultos com mais de 50 anos com Osteoartrite nos joelhos.

Uso de substâncias: A eficácia de *apps* iTCCs como tratamento estabelecido para transtornos de uso de substâncias não é clara. Um aplicativo *web* desses sistemas de terapia mostrou ser de ajuda em diminuir a gravidade do consumo do álcool. Um estudo controlado do programa *Quit the Shit*, feito em usuários de cannabis, mostrou uma redução no uso de maconha, quantidade e frequência. Além disso, havia também uma redução dos sintomas de depressão e ansiedade e um aumento geral da qualidade de vida. Para veteranos com TEPT, depressão e uso de substâncias, o tratamento com a iTCC resultou em diminuição dos sintomas de mau humor, raiva, ansiedade e culpa, causando assim uma redução nas comorbidades.

Quadro 2. Exemplos de Terapias Cognitivo-Comportamentais via internet

App/ Página web	Diagnóstico usado para	Sobre
MoodGYM	Depressão, Ansiedade	É autoguiado, somente completando cada parte, o usuário progride para o próximo nível. A estrutura da página é em forma de módulos, possui exercícios e jogos interativos. Informações do usuário são protegidas confidencialmente. Versões são disponibilizadas em várias linguagens como Norueguês, Alemão, Chinês, Finlandês.
PE Coach	Transtorno de Estresse Pós-Traumático	Guiado por terapeuta e funciona junto com a terapia face a face para diminuir os sintomas de ansiedade. Este *app* é feito para os veteranos militares e o objetivo é gerenciar e tratar TEPT pela técnica de exposição. Disponível em Inglês.
WoeBot	Geral; Ansiedade, depressão, estresse e problemas de sono.	Autoguiado, os usuários interagem diretamente com o sistema de inteligência artificial, recebendo suporte e orientação automatizados. Tratamento: reestruturação cognitiva, exercícios interativos e rastreamento de humor. Disponível em inglês.
Youper	Geral: Ansiedade, Depressão, Estresse, Transtorno Obsessivo Compulsivo (TOC), Transtorno Afetivo Bipolar (TAB).	Autoguiado, os usuários interagem diretamente com o sistema de inteligência artificial. Tratamento: reestruturação cognitiva, registro de humor diário, habilidades de enfrentamento, definição de metas pessoais. Disponível em várias línguas incluindo o português.

Wysa	Geral: Transtornos de Ansiedade (Transtorno de Ansiedade Generalizada, Transtorno do Pânico, Ansiedade Social, Fobias), Depressão, Estresse, Autoestima e Confiança, Distúrbios do Sono.	Autoguiado (os usuários interagem diretamente com o sistema de inteligência artificial) e guiado pelo terapeuta em algumas regiões, com custo financeiro, se o paciente desejar o acompanhamento. Tratamento: reestruturação cognitiva, técnicas de relaxamento, *mindfulness*, exercícios de respiração, estratégias de enfrentamento, monitoramento de humor.
Vitalk	Geral: Ansiedade, Distúrbios do Sono, Estresse, Relacionamentos Interpessoais etc.	*App* brasileiro pode ser autoguiado (os usuários interagem diretamente com o sistema de inteligência artificial) ou guiado por terapeuta com custo adicional. Tratamento: reestruturação cognitiva, exercícios de respiração, registro de emoções.
Cíngulo	Geral: Ansiedade, Estresse, Autoestima etc.	*App* brasileiro pode ser autoguiado (os usuários interagem diretamente com o sistema de inteligência artificial) ou guiado por terapeuta com custo adicional. Tratamento: ferramentas da TCC, *Mindfulness* e Meditação, Terapia de Aceitação e Compromisso (ACT), Psicoeducação, Escrita em diário, Autorreflexão, *Feedback*.

Wasil *et al.* (2019) identificaram vários padrões de tratamento nos aplicativos de saúde mental. As iTCCs utilizam com maior frequência os tratamentos nessa ordem crescente: psicoeducação, reestruturação cognitiva, ativação comportamental, resolução de problemas e habilidades sociais.

VANTAGENS DAS ITCCS

Kumar *et al.* (2017) apontam os seguintes benefícios para a utilização das terapias automatizadas: a) Adesão ao tratamento de pacientes que não querem iniciar tratamento medicamentoso e não querem fazer psicoterapia; b) grande crescimento das tecnologias e sua integração com serviços de saúde tem se tornado um tipo de intervenção crescente comparado a terapia tradicional; c) Diferente da terapia tradicional, esse sistema provê a presença de eficiente acompanhamento (*follow-up*) especialmente com jovens adultos e pacientes com baixo poder econômico; d) Mostra-se eficiente nos pacientes, gerando diminuição dos sintomas e severidade; e) Em sistemas guiados pelo terapeuta, é evidenciado alta satisfação do usuário e uma diminuição geral dos sintomas.

TRATAMENTOS COM REALIDADE VIRTUAL (RV)

Segundo Santos (2020), a realidade virtual (RV) é uma tecnologia que cria ambientes simulados imersivos usando dispositivos como óculos de RV. Ela é útil para terapias de exposição em casos de transtornos de ansiedade, como TOC e fobias. A interação do indivíduo com as simulações gráficas em três dimensões (3D), geradas por computador, se torna, a cada estudo, mais eficiente em sua capacidade de representar os estímulos, fazendo com que o participante se sinta presente no ambiente virtual.

Na terapia de exposição, os pacientes são gradualmente expostos a seus medos para reduzir a ansiedade. A RV é vantajosa porque oferece controle gradual, ambientes simulados, segurança, *feedback*, maior engajamento e facilita a generalização das habilidades para situações reais (Santos, 2020).

Na prática, a RV é usada para simular gatilhos ansiogênicos e fóbicos no TOC e situações fóbicas, permitindo que os pacientes pratiquem o enfrentamento. No entanto, existem desafios, como desconforto com dispositivos e custos.

Esses estímulos podem ser controlados com mais facilidade do que em situações reais, já que o terapeuta tem o controle para ajustar as variáveis e aumentar ou diminuir o grau de estímulos aversivos. De acordo com Wauke, Carvalho e Costa (2005), também é possível permanecer no mesmo ambiente terapêutico planejado por várias sessões, até que a adaptação ocorra e reforçadores sejam fornecidos quando o comportamento desejado for alcançado.

Em resumo, a realidade virtual combinada com a terapia de exposição é uma abordagem promissora para tratar TOC e fobias, proporcionando um ambiente seguro para enfrentar gradualmente os medos.

CONSIDERAÇÕES FINAIS

A Terapia Cognitivo-Comportamental Baseada em Internet (iTCC) é uma abordagem promissora para o tratamento de transtornos mentais. Essas terapias oferecem conveniência e acessibilidade ao permitir que as pessoas recebam suporte terapêutico por meio da internet em qualquer lugar que estiverem. As iTCCs têm se mostrado eficazes no tratamento de vários transtornos, utilizando técnicas da terapia cognitivo-comportamental para identificar e modificar padrões de pensamento negativos. As iTCCs, em sua maioria, são autoguiadas, mas também podem oferecer suporte humano adicional, como *chat*, e-mail ou videochamada com psicoterapeutas. Ainda que não substituam completamente a psicoterapia presencial, são uma boa alternativa, especialmente para aqueles com dificuldade de acesso aos serviços tradicionais. Com o avanço da tecnologia, ainda mais com o novo ChatGPT, é provável que as iTCCs desempenhem um papel cada vez mais importante, proporcionando suporte terapêutico eficaz e acessível a um número maior de pessoas.

No Brasil essas terapias estão começando a se tornar conhecidas e os primeiros aplicativos já estão disponíveis para os usuários como o Vitalk e o Cíngulo. O Ministério da Saúde ainda não tem uma normativa específica sobre as terapias automatizadas. Até o momento, o Conselho Federal de Psicologia também não fez nenhuma consideração sobre o trabalho do psicólogo nestas plataformas.

EXERCÍCIOS DE FIXAÇÃO

- Esse tipo de terapia substitui psicoterapia tradicional? Como as iTCCs podem ser utilizadas para maior benefício do paciente?
- Para qual público são indicados esses sistemas de terapia?

REFERÊNCIAS

ANDREWS, G. et al. Computer therapy for the anxiety and depression disorders is effective, acceptable and practical health care: An updated meta-analysis. **Journal of Anxiety Disorders**, v. 55, p. 70-78, 2018.

BECK, A. T. Cognitive Therapy: Nature and Relation to Behavior Therapy – Republished Article. **Behavior Therapy**, v. 47, n. 6, p. 776-784, 2016.

BENNETT, K.; BENNETT, A. J.; GRIFFITHS, K. M. Security Considerations for E-Mental Health Interventions. **Journal of Medical Internet Research**, v. 12, n. 5, p. e61, 2010.

BISWAS, S. S.; Role of ChatGPT in Public Health. **Annals of Biomedical Engineering**, v. 51, n. 5, p. 868-869, 2023.

DUFFY, D. et al. Internet-Delivered Cognitive Behavior Therapy as a Prequel to Face-To-Face Therapy for Depression and Anxiety: A Naturalistic Observation. **Frontiers in Psychiatry**, v. 10, p. 902, 2020.

KUMAR, V. *et al.* The Effectiveness of Internet-Based Cognitive Behavioral Therapy in Treatment of Psychiatric Disorders. **Cureus**, 2017.

SANTOS, I. Z. **Realidade Virtual e Exposição In Vivo como Intervenções para Pessoas Diagnosticadas com Claustrofobia**. 2020.

STILES-SHIELDS, C. *et al.* Behavioral and cognitive intervention strategies delivered via coached apps for depression: Pilot trial. **Psychological Services**, v. 16, n. 2, p. 233-238, 2019.

WAUKE, A. P., Carvalho, L. A. V.; & Costa, R. M. E. (2005). Tratamento de fobias urbanas por meio de ambientes virtuais. **Arquivos Brasileiros de Psiquiatria, Neurologia e Medicina Legal**, 99, (4): 5-11.

O uso de jogos digitais no contexto psicoterapêutico

Ivelise Fortim

Os jogos digitais podem ser utilizados como recursos para o processo psicoterapêutico *online*, dado sua possibilidade de interação virtual. O uso de atividades lúdicas no atendimento de crianças e adolescentes, contudo, não é novidade. Os jogos analógicos, como jogos de tabuleiro, são usados há muito tempo em sessões de terapia com crianças e adolescentes. No entanto, quando se trata de jogos digitais entra-se em outro terreno, dado que existem muitas diferenças nos jogos e nos modos de jogar durante um atendimento.

Jogos digitais são formas de entretenimento interativas que utilizam a tecnologia digital para criar experiências virtuais para os jogadores. Eles se baseiam na interação entre os usuários e o ambiente virtual. Existem muitos tipos de jogos, plataformas de jogo e gêneros de jogo. Com relação às plataformas, os jogos podem ser jogados no celular e/ou *tablets* (jogos para dispositivos móveis); no computador, sendo que os jogos ficam disponíveis através de lojas específicas; nos consoles portáteis (tais como Nintendo Switch); nos consoles de *videogames*, que são aparelhos dedicados e específicos para essa finalidade, e vem com um controlador específico para interação, tais como Playstation, Xbox etc. (Fortim, 2020).

Os jogos que podem ser utilizados na psicoterapia podem ser tanto jogos de entretenimento quanto *serious games*. Os jogos de entretenimento visam divertir e proporcionar lazer, ao passo que os *serious games* são projetados para contextos que visam uma aprendizagem e/ou treinamento, seja de habilidades ou de conteúdo. Esses jogos podem ser usados em diversos contextos, como treinamento corporativo, educação, saúde, e jogos considerados de impacto, que procuram promover conscientização social (Fortim, 2020).

Além disso, podemos diferenciar os jogos entre jogos comerciais ou jogos *indie* (independentes). Os jogos comerciais são os mais conhecidos no mercado, com produção e grande orçamento. Os jogos considerados *indies* são jogos desenvolvidos por indivíduos ou pequenas equipes, e que não contam com financiamento de grandes publicadoras ou distribuidoras. Os jogos *indies* podem explorar, muitas vezes, temas e experiências individuais dos desenvolvedores (Fortim, 2020).

Segundo Gallina (2012), os jogos podem ser utilizados no contexto psicoterápico de diversas formas: para o auxílio na formação de vínculo entre terapeuta e paciente; como forma de autoconhecimento, dado que pode servir ao paciente como uma forma de compreender e buscar soluções para seus sentimentos e pensamentos; como alternativa indireta de comunicação entre terapeuta e paciente; manejo de silêncio e recusa da sessão; para o tratamento de transtornos específicos e reabilitação cognitiva e motora.

A psicoterapia baseia-se no estabelecimento de uma relação entre o terapeuta e o paciente, e os jogos digitais podem auxiliar nesse processo, proporcionando conforto e conexão. Os videogames podem facilitar a relação terapêutica, na medida em que permitem que o terapeuta compreenda melhor as experiências do paciente, especialmente quando se trata de crianças ou adolescentes, dado que há um alto envolvimento dessa população com os jogos digitais (Franco, 2016).

Esses jogos podem ser usados de forma diagnóstica, permitindo que o terapeuta observe as habilidades e comportamentos da criança/adolescente durante a sessão de jogo. Também permitem ao paciente expressar-se sem limitações e compartilhar seus interesses, o que ajuda o profissional de saúde a entender melhor aspectos da sua vida cotidiana (Rice, 2022).

O uso de jogos digitais pode ser uma ferramenta valiosa para a construção da relação paciente-terapeuta, bem como para abordar aspectos cognitivos, emocionais e sociais, além de auxiliar no diagnóstico psiquiátrico e/ou psicológico (Al Keilani, 2020). Estes oferecem uma plataforma que pode ajudar a engajar crianças e adolescentes no processo terapêutico de forma mais imersiva e envolvente.

Um dos benefícios do uso de jogos digitais na psicoterapia é a capacidade de fornecer um ambiente seguro para que os pacientes explorem seus sentimentos e enfrentem seus medos. Por meio dos avatares e das histórias dos jogos, as crianças e adolescentes podem externalizar suas próprias experiências e dilemas sem se sentirem julgados. Isso é particularmente relevante para pacientes com dificuldades em se expressar verbalmente, permitindo que se expressem de maneiras não convencionais (Rice, 2022).

SOBRE OS JOGOS E OS OBJETIVOS TERAPÊUTICOS

Para um bom uso dos jogos no processo de psicoterapia, é necessário que o terapeuta escolha os jogos de acordo com os objetivos terapêuticos. A inserção do jogo não deve ser apenas "jogar por jogar", mas deve ter um propósito específico. Os jogos podem ser trazidos tanto pelo terapeuta quanto pelo cliente. Com relação aos jogos trazidos pelo cliente, cabe ao terapeuta avaliar se são ou não adequados para serem usados em sessão.

Entre os jogos de entretenimento que podem ser utilizados em contexto terapêutico, existem jogos mais simples, como interfaces no celular ou computador que permitem fazer desenhos interativos, jogos casuais para celular e também jogos mais complexos como metaversos (mundos virtuais interativos, como Roblox e PKXD) e jogos competitivos que devem ser jogados em equipes (tais como League of Legends, Fortnite, Valorant etc.).

Segundo Boldi e Rapp (2022), os jogos comerciais de entretenimento podem ser utilizados no contexto de saúde mental e se mostram tão eficazes quanto os *serious games*. Eles apresentam como vantagens poderem ser utilizados em diferentes contextos, com diferentes objetivos e para tratar diferentes problemas; são concebidos para serem divertidos e tem ampla aceitação do público; e estão integrados às práticas cotidianas dos pacientes.

Já os jogos *indies* podem ser utilizados para trabalhar temas específicos, dado que podem explorar experiências pessoais dos desenvolvedores de jogos. Como exemplo, há um jogo brasileiro *indie* que explora o tema da depressão, chamado Rainy Day, de Thais Weiler (Fortim; Sancassani; Camparis, 2017). Os jogos *indies*, em geral, ficam disponíveis por meio de plataformas de lojas virtuais como a STEAM.

Os *serious games*, por sua vez, já são projetados com o intuito de auxiliar no processo psicoterapêutico, sendo desenvolvidos por profissionais de saúde especializados nessa temática. Esses jogos são concebidos para tratar transtornos específicos, como ansiedade, autismo e déficit de atenção, em contextos diversificados, incluindo grupos terapêuticos e utilização de equipamentos específicos, como biofeedback e realidade virtual (Rice, 2022).

Para alcançar tais objetivos, esses jogos utilizam uma dinâmica tradicional para criar ambientes imersivos que favoreçem a interação dos participantes, incorporando, adicionalmente, teorias de aprendizagem e metodologias fundamentadas em pesquisas empíricas, visando maximizar sua eficácia terapêutica. Esses jogos têm o intuito de combinar técnicas terapêuticas com elementos de aprendizagem, contribuindo para manter a motivação das crianças e adolescentes ao longo de algumas sessões (Zayeni; Raybaud; Revet, 2020).

Os jogos podem ser adaptados para atender às necessidades específicas, por exemplo: um jogo pode ser personalizado para trabalhar questões de ansiedade social, medo, habilidades sociais, autoestima ou controle de impulsos. Os terapeutas podem incorporar desafios específicos para cada indivíduo, tornando o tratamento mais individualizado e motivador (Brezinka; Hovestaddt, 2022). Apesar de não serem populares no Brasil, os jogos desenhados especificamente para esta finalidade têm ganhado bastante espaço no exterior. Algumas editoras de testes psicológicos em atividade no Brasil já possuem alguns destes jogos localizados em português.

É importante destacar que o uso de videogames na terapia deve ser avaliado cuidadosamente pelo terapeuta, levando em consideração os objetivos terapêuticos de tal uso, a classificação indicativa coerente com a idade da criança/adolescente e o conhecimento/habilidades digitais tanto do paciente como do terapeuta no jogo escolhido. É de suma importância que os objetivos terapêuticos estejam claros para que o uso do jogo se torne uma atividade efetiva e proveitosa no processo terapêutico.

A escolha dos jogos requer cautela, pois nem todos os jogos são adequados para esse fim. É importante que os terapeutas selecionem jogos que se alinhem às necessidades e objetivos específicos de cada paciente.

No contexto dos objetivos terapêuticos, é essencial que o terapeuta tenha uma compreensão clara de sua função e papel ao utilizar jogos, especialmente em cenários de jogos *online* multiusuários, onde o terapeuta e o paciente interagem com jogadores desconhecidos. Nesse contexto, a experiência assemelha-se a um acompanhamento terapêutico, pois o ambiente terapêutico pode ser influenciado por terceiros que não fazem parte da sessão.

Uma das desvantagens do uso de jogos multiusuários é que tanto o terapeuta quanto o paciente podem se envolver intensamente nas atividades do jogo, esquecendo-se dos objetivos terapêuticos propostos. Algumas crianças ou adolescentes podem se engajar excessivamente no jogo, recusando-se a utilizá-lo de forma terapêutica durante a sessão, o que pode dificultar a discussão ou intervenções terapêuticas.

Outro aspecto a ser considerado diz respeito à duração da sessão de jogo em jogos multiusuário *online*. Alguns jogos possuem sessões de jogo que podem ultrapassar 40 ou 50 minutos. Dado que muitos(as) psicólogos(as) praticam sessões de 30 ou 50 minutos, ter de encerrar o jogo antes de sua finalização pode trazer frustrações ao paciente, ou recusa em terminar o jogo.

Nesse sentido, é importante que a escolha dos jogos leve em conta essas questões, principalmente se o objetivo terapêutico for a discussão pós-jogo. Recomenda-se a seleção de jogos com sessões de duração máxima de 20 ou 40 minutos para garantir tempo suficiente para a realização da conversa após a sessão de jogo, caso este seja o objetivo.

PREOCUPAÇÕES E BARREIRAS NO USO

Apesar dos benefícios, há preocupações e barreiras em relação ao uso de videogames na terapia. Diversos pais e profissionais de saúde tem questões com relação ao uso de jogos violentos e sua associação com agressividade, a questão da dependência, a obesidade e problemas acadêmicos. Essas preocupações podem levar os terapeutas a enfrentarem resistência das famílias com relação ao uso de videogames durante o processo terapêutico, seja este *online* ou presencial (Cerangolu, 2010b).

Outra possível barreira se refere a familiaridade do terapeuta com o universo dos videogames. A temática dos jogos digitais abarca uma ampla variedade de plataformas, dispositivos, gêneros de jogos e durações das sessões de jogo, apresentando também diferentes modos de jogabilidade. Nesse sentido, o conhecimento do terapeuta em relação aos jogos digitais é um diferencial importante. Os terapeutas não precisam ser experts em jogos, mas o conhecimento prévio facilita em muita sua utilização. Muitas vezes, as próprias crianças e adolescentes podem ensinar o terapeuta a jogar jogos mais simples, mas pode ser desafiador para o terapeuta se envolver com jogos que requeiram conhecimento mais complexo, tanto em termos de jogabilidade, como de habilidade com o computador e/ou *joystick*.

Outro ponto importante é com relação aos equipamentos. Caso seja um atendimento *online*, o terapeuta deve verificar se possui equipamentos com configuração suficiente para poder participar dos jogos (Rice, 2022).

A colaboração com a família e responsáveis pelo paciente também é essencial para que todos compreendam o propósito terapêutico dos jogos. É imprescindível que haja um esclarecimento junto à família e aos responsáveis pela criança ou adolescente sobre o propósito da participação conjunta do terapeuta e paciente em atividades de jogos. Algumas famílias têm dificuldade em compreender os objetivos terapêuticos subjacentes a essa abordagem, podendo equivocadamente interpretar a atividade com os jogos como mera diversão, ao invés de parte de um processo terapêutico. Não é incomum que as famílias apresentem recusa a esse recurso, apresentando como motivo o fato de que "não estão pagando para o filho brincar", ou que "ele já joga muito sozinho".

Outro aspecto relevante é a necessidade de o terapeuta levar em consideração a classificação indicativa dos jogos a serem utilizados. Mesmo que a criança ou adolescente esteja habituado a jogos com classificação indicativa superior à sua idade, é importante que os pais concordem com o uso desses jogos. Recomenda-se que no processo terapêutico sejam utilizados apenas jogos que sejam apropriados para a faixa etária da criança ou adolescente em questão.

Segundo Boldi e Rapp (2021), pode haver dificuldades para o uso de jogos comerciais, tais como a falta de controle do ambiente, sendo que o terapeuta precisa fazer maiores esforços para fazer as intervenções terapêuticas; a dificuldade de compreender e entender processos específicos dos jogos; e também a possibilidade do jogo produzir efeitos colaterais não desejados, tais como uso problemático ou dependência de jogos.

CONSIDERAÇÕES FINAIS

Embora existam algumas desvantagens, como o risco de desvio dos objetivos terapêuticos durante a sessão de jogo, a utilização de jogos sérios ou comerciais tem se mostrado efetiva na psicoterapia de crianças e adolescentes. Além disso, os jogos podem ser utilizados para tratar transtornos específicos, trabalhar habilidades e oferecer um ambiente imersivo que ajuda a manter a motivação dos pacientes durante o processo terapêutico.

Os jogos sérios e comerciais disponíveis têm demonstrado ser efetivos no contexto da psicoterapia com crianças e adolescentes, embora ainda não estejam completamente esclarecidos os efeitos de longo prazo que sustentam tal eficácia. Contudo, sabe-se que os efeitos de curto prazo são observáveis (Rice, 2022).

EXERCÍCIOS DE FIXAÇÃO

- Suponha a seguinte situação: Após algumas sessões com um paciente adolescente, o pai chama o terapeuta, pois gostaria de esclarecimento quanto a forma de atender do terapeuta, e questiona o uso de vídeo game durante os atendimentos, reiterando que "não pago terapia para ele ficar jogando a sessão toda". Elabore um texto informal (como se estivesse explicando a uma pessoa leiga) que poderia explicar a este pai a utilização de jogos digitais durante o atendimento.

- Escolha um jogo digital que possa ser usado em atendimento, e escreva os benefícios e riscos que este jogo pode trazer para o seu atendimento.

REFERÊNCIAS

AL KEILANI, M. A. H.; DELVENNE, Veronique. Use of Video Games in a Child and Adolescent Psychiatric Unit. **Psychiatria Danubina**, v. 32, supl. 1, p. 167-171, 2020. Medicinska naklada, Zagreb, Croatia.

BOLDI, A.; RAPP, A. Commercial video games as a resource for mental health: A systematic literature review. **Behaviour & Information Technology**, v. 41, n. 12, p. 2654-2690, 2022. DOI: 10.1080/0144929X.2021.1943524.

BREZINKA, V.; HOVESTADT, L. Serious Games Can Support Psychotherapy of Children and Adolescents. In: **HOLZINGER, A.** (Ed.). HCI and Usability for Medicine and Health Care. USAB 2007. Lecture Notes in Computer Science, vol. 4799. Springer, Berlin, Heidelberg, 2007. Disponível em: https://doi.org/10.1007/978-3-540-76805-0_30.

CERANOGLU, T. A. Video Games in Psychotherapy. **Review of General Psychology**, v. 14, n. 2, p. 141-146, 2010a. Disponível em: https://doi.org/10.1037/a0019439. Acesso em: data de acesso.

CERANOGLU, T. A. Star Wars in Psychotherapy: Video Games in the Office. **Acad Psychiatry**, v. 34, p. 233-236, 2010b. Disponível em: https://doi.org/10.1176/appi.ap.34.3.233. Acesso em: data de acesso.

FORTIM, I.; SANCASSANI, V.; CAMPARIS, Daniela Naomi. Rainy Day: Jogadores e identificação com o tema da depressão e ansiedade. In: **Anais do SBGames 2017** (Culture Track – Short Papers), São Paulo, SP, Brasil. ISSN: 2179-2259.

FORTIM, I. (org). **O que as famílias precisam saber sobre games: um guia para pais e cuidadores de crianças e adolescentes**. Editora Homo Ludens, 2020.

FRANCO, G. E. Videogames and Therapy: A Narrative Review of Recent Publication and Application to Treatment. Frontiers in Psychology, **Sec. Psychology for Clinical Settings**, Volume 7, 14 July 2016. https://doi.org/10.3389/fpsyg.2016.01085.

GALLINA, L. M. O uso de videogames na clínica psicoterápica: revisão de literatura. In: **Proceedings of SBGames 2012 Culture Track – Short Papers**. São Paulo: SBC, 2012.

RICE, R. **Video Games in Psychotherapy**. 1ª edição. New York: Routledge, 2022. 242 p. eBook. DOI: https://doi.org/10.4324/9781003222132.

ZAYENI, D.; RAYNAUD, J.-P.; REVET, A. Therapeutic and Preventive Use of Video Games in Child and Adolescent Psychiatry: A Systematic Review. **Frontiers in Psychiatry**, v. 11, 2020. Disponível em: https://doi.org/10.3389/fpsyt.2020.00036.

Impactos da Inteligência Artificial no atendimento *online*

Thiago Francisco Peppe Del Poço e Katty Zúñiga

Os sistemas de terapia automatizados podem utilizar *chatbots* (robôs que utilizam interface de bate papo controlados por Inteligência Artificial e *Machine Learning*). A Inteligência Artificial se refere à habilidade de um sistema interpretar informações externas de maneira precisa, adquirir conhecimento a partir dessas informações e empregar esse conhecimento para cumprir objetivos e tarefas específicas. No caso do Aprendizado de Máquina, também conhecido como *Machine Learning*, a máquina não apenas executa tarefas repetitivas, mas também desenvolve a capacidade de aprender autonomamente com base nas orientações humanas sobre o que é certo ou errado. Isso permite que ela resolva problemas de forma independente, sem requerer intervenções dos programadores. A máquina demonstra uma capacidade mais precisa de fazer previsões baseado no comportamento do usuário, embora ainda existam debates sobre sua aptidão para discernir questões éticas.

Atualmente, a empresa Open AI disponibilizou seu sistema de inteligência artificial chamado ChatGPT que é um sistema pioneiro de conversação que emprega o robusto modelo de linguagem GPT, *Generative Pre-trained Transformer*, ou em português "Transformador Pré-Treinado Generativo". Esse sistema gera respostas em textos parecidos com os feitos por humanos, com base no contexto fornecido pelo usuário segundo Biswas (2023). Através de prévia grande exposição em dados textuais e da utilização de técnicas de aprendizado de máquina, o ChatGPT é capaz de oferecer respostas coerentes e relevantes em uma ampla gama de assuntos. Ele é amplamente utilizado em assistentes virtuais, suporte ao cliente e outras aplicações que exigem interações naturais por meio de texto.

Para Carlbring *et al.* (2023), uma possível utilização do ChatGPT consiste em incorporar a Inteligência Artificial (IA) por meio de um assistente virtual nas plataformas, seja na forma de um tutor que assume o papel de um "*coach* psicoeducacional virtual", disponível a qualquer hora do dia para o cliente, ou desempenhando o papel de um psicoterapeuta que oferece *feedback* construtivo, a IA ainda pode utilizar ferramentas da TCC: questionamentos socráticos que auxiliam diretamente o cliente na análise de pensamentos automáticos negativos ou crenças centrais desadaptativas. Os autores Carlbring *et al.* (2023) explicam que embora interações automatizadas com computadores existam há um bom tempo, elas foram amplamente implementadas somente recentemente. A IA pode ser vista como uma evolução dos tratamentos automatizados, como o caso do Eliza inicial na década de 1960, a primeira Inteligência Artificial implementada que foi um dos primeiros programas de processamento de linguagem natural que simulava uma conversa terapêutica. Ao ser implementada de maneira eficaz, as novas aplicações de IA têm o potencial de aprimorar consideravelmente os tratamentos *online* e poupar tempo dos profissionais de saúde. Contudo, também surgem preocupações sobre os possíveis efeitos negativos da aplicação da IA e grandes modelos de linguagem, como o GPT, nesse contexto.

Sharma *et al.* (2023) aponta que há uma limitação importante, as máquinas ainda necessitam da empatia e das emoções humanas, o que as torna insuficientes na compreensão das particularidades da linguagem humana. Ainda que um assistente de conversação possa demonstrar empatia através de expressões, não possui a inteligência emocional e a vivência pessoal de um ser humano. A pesquisa de Sharma *et al.* (2023), demonstrou que a colaboração entre humanos e IA resultou em 19,6% mais interações empáticas em suporte de saúde mental baseado em texto, superando as interações entre humanos. Os autores explicam que é importante ressaltar a imitação de empatia e respostas apropriadas por parte de um assistente virtual podem ser insuficientes. Enquanto os seres humanos se comunicam, as palavras podem transmitir algo diferente daquilo que a linguagem corporal expressa. Interpretar a ironia de um cliente também representa um desafio, podendo levar a sugestões terapêuticas equivocadas.

Se a orientação por IA for oferecida é essencial informar aos pacientes quando estão sendo atendidos por um computador, não por um ser humano. No experimento de Biron (2023) realizado em uma plataforma de apoio à saúde mental, utilizando o ChatGPT-3, foi observado que o apoio de pares, reforçado por sugestões geradas por IA, recebeu avaliações superiores em comparação ao apoio exclusivamente humano. Entretanto, a falta de transparência nas mensagens geradas por IA pode prejudicar a confiança dos pacientes, sendo crucial que o emissor seja percebido como um ser humano real, com vivências autênticas. Um estudo sobre terapia *online* de Holländare *et al.* (2016) para sintomas depressivos mostrou que a inclusão de autorrevelações nas mensagens escritas estava positivamente correlacionada com a melhoria no pós-tratamento. Embora esse estudo não tenha testado diretamente os efeitos da autorrevelação, ele ressalta a possível importância de compartilhar experiências pessoais para fortalecer o vínculo terapêutico e melhorar os resultados do tratamento da depressão. alcança escores semelhantes a uma linha de base de resposta humana. Assim, corroborando com os dados apresentados dos autores acima, na pesquisa de Avisha *et al.* (2022), interações terapêuticas de máquina e humanos são comparadas pelos pacientes, eles relatam para a interação com a máquina, há principalmente sinais de aconselhamento genérico ou compartilhamento de informações (psicoeducação) em vez de interação terapêutica.

Segundo Carlbring *et al.* (2023), no momento, é provável que a maioria dos clientes opte por um terapeuta humano em vez de mensagens geradas por IA, se tiverem a escolha. A empatia e a conexão pessoal estabelecida pelo terapeuta continuam sendo elementos indispensáveis na psicoterapia. Contudo, essa preferência pode mudar à medida que a IA evolui. Comentários positivos sobre terapias *online*, sem a necessidade de interações presenciais, como "Eu não precisava olhá-la nos olhos" podem parecer contraditórios em uma era onde o tratamento face a face é considerado padrão de excelência. Tais declarações podem sinalizar uma mudança - o potencial para os indivíduos confiarem na IA sem as pressões da desejabilidade social e do estigma (Lindqyist *et al.*, 2022).

Utilizando a própria ferramenta ChatGPT da OpenAI (2023) para responder à pergunta "Quais são suas observações sobre o uso do ChatGPT no campo da Psicologia *Online*"? O modelo de linguagem responde que não pode substituir interações humanas genuínas e especializadas como interação humana real. Cita ainda os fatores dessa limitação como:

- Empatia humana que não é alcançada pela inteligência artificial;
- Risco de interpretação incorreta para o contexto da pergunta do usuário;
- Falta de interação personalizada, pois responde de forma genérica;
- Privacidade e segurança, pois, envolve o compartilhamento de dados sensíveis, não pode garantir privacidade e sigilo das informações trocadas.

Pelo desenvolvimento crescente e acelerado dessa ferramenta, também por outras grandes empresas de tecnologia, espera-se que em breve novos sistemas de terapia automatizados sejam integrados com essa nova e robusta Inteligência Artificial. As conversações do *app* poderão ser mais naturais, humanas e detalhadas do que as respostas que *chatbots* com Inteligências Artificiais atuais entregam.

Por outro lado, existe uma discussão de como os psicólogos possam se posicionar frente a esses sistemas de autoajuda *online*, oferecidos muitas vezes por pessoas sem qualquer preparação acadêmica, como uma substituição "cômoda" a um processo terapêutico realizado por um(a) psicólogo(a). Essas ofertas explodiram durante o período mais severo do distanciamento social por conta da pandemia, ocupando um espaço especialmente entre pessoas que estavam com pouco dinheiro ou buscavam soluções mais rápidas para seus problemas.

O ChatGPT preocupa alguns profissionais, pois essas poderiam pensar que a Inteligência Artificial é como um "oráculo digital" e que teria a capacidade de substituir um(a) psicólogo(a) com respostas gratuitas, instantâneas e a qualquer momento.

É bom lembrar que o ChatGPT é apenas um gerador de texto que não discerne entre certo e errado nem sabe lidar com aspectos complexos de sentimentos, traumas e conflitos. No geral, lembra manuais de autoajuda, com respostas genéricas (Garbin, 2023). Atualmente, a plataforma informa "Lembre-se de que sou um modelo de linguagem e não sou um substituto para aconselhamento médico ou psicológico profissional. Se seu problema é persistente ou grave, é altamente recomendável buscar ajuda de um profissional de saúde mental", mas mesmo assim após esta frase ele sugere técnicas para a pessoa lidar com os problemas.

O ChatGPT é uma ferramenta que pode gerar respostas equivocadas e não apresenta muita sensibilidade. Ele não sabe verdadeiramente o que diz: suas respostas são apenas as estatisticamente mais relevantes, por isso não é capaz de desenvolver, por exemplo, empatia ou qualquer outro sentimento.

Alguns poderiam argumentar, com boa dose de razão, que nada disso pode ser considerado um concorrente a um(a) psicólogo(a). Do ponto de vista de resultados, acolhimentos, compreensão, conhecimento e ética, sem dúvida alguma! Mas é preciso entender aspectos muito nocivos que a digitalização trouxe a muitas pessoas: a superficialidade, a intolerância, o imediatismo, a pressa e uma ideia (muito equivocada) de que tudo pode (e deve) ter uma versão grátis.

Portanto, a concorrência não se dá com as entregas desses serviços, mas com o desconhecimento de muitas pessoas sobre o que eles oferecem de fato e até mesmo do que é um processo terapêutico realizado por um(a) psicólogo(a) formado.

CONSIDERAÇÕES FINAIS

A integração da Inteligência Artificial (IA) na prática psicológica trouxe avanços notáveis tanto para os profissionais quanto para os pacientes. Para os pacientes, a presença de *chatbots* e assistentes virtuais oferece suporte contínuo, acessível a qualquer momento, normalizando a busca por ajuda e alcançando um público mais amplo. No entanto, é fundamental resolver as questões éticas em relação à privacidade e à supervisão humana por parte dos psicólogos.

À medida que nos aventuramos em uma era de crescente dependência da IA, é muito importante estudar cuidadosamente as preferências do paciente, os efeitos e as consequências dessa mudança e, com muitos estudos e cautela, determinar o que funciona, o que requer melhoria e o que deve ser descartado.

Sendo assim, a colaboração entre IA e psicólogos enriquece o campo, tornando os cuidados de saúde mental mais acessíveis e proporcionando tratamentos mais abrangentes.

EXERCÍCIOS DE FIXAÇÃO

- Atualmente, os *chatbots* com Inteligência Artificial podem substituir o atendimento psicológico tradicional? Por quê?
- Qual é a utilidade do ChatGPT para a psicologia? É totalmente confiável?

REFERÊNCIAS

BIRON, B. Online mental health company uses ChatGPT to help respond to users in experiment – raising ethical concerns around healthcare and AI technology. **Business Insider**, 2023.

CARLBRING, P. *et al*. A new era in Internet interventions: The advent of ChatGPT and AI-assisted therapist guidance. **Internet Interventions**, v. 32, p. 100621, 11 abr. 2023.

DAS, A. *et al*. **Conversational Bots for Psychotherapy: A Study of Generative Transformer Models Using Domain-specific Dialogues**. Proceedings of the 21st Workshop on Biomedical Language Processing. **Anais** ...Dublin, Ireland: Association for Computational Linguistics, maio 2022. Disponível em: <https://aclanthology.org/2022.bionlp-1.27>. Acesso em: 22 ago. 2023.

GARBIN, L. "**ChatGPT psicólogo" vira oráculo de autoajuda e "terapia" barata**. O Estado de S. Paulo, 5 de abril de 2023. Disponível em: <https://www.estadao.com.br/cultura/luciana-garbin/chatgpt-psicologo-vira-moda-mas-esta-mais-para-manual-ruim-de-autoajuda/>. Acesso em: 5 de abril de 2023.

HOLLÄNDARE, F. *et al*. Therapist behaviours in internet-based cognitive behaviour therapy (ICBT) for depressive symptoms. **Internet Interventions**, v. 3, p. 1-7, 2016.

LINDQVIST, K. *et al*. "I didn't have to look her in the eyes" – participants' experiences of the therapeutic relationship in internet-based psychodynamic therapy for adolescent depression. **Psychotherapy Research**, p. 1-15, 2022.

SHARMA, A. *et al*. Human-AI collaboration enables more empathic conversations in text-based peer-to-peer mental health support. **Nature Machine Intelligence**, v. 5, n. 1, p. 46-57, 2023.

QUESTÕES PARA OS PROFISSIONAIS

Na medida que nos aproximamos do desfecho desta obra, os capítulos subsequentes se dedicarão em olhar, mais especificamente, o profissional em saúde mental e as questões que os cerceiam.

O indivíduo que presta seu serviço e por conseguinte, impacta os pacientes é, por meio deste processo, também impactado. A ideia aqui é aproximar-se ao máximo de uma interpretação abrangente sobre os personagens que compõe o atendimento psicológico, levando em conta o(a) próprio(a) psicólogo(a).

Adicionalmente, serão abordados os cuidados e questões que os(as) psicólogos(as) devem considerar em relação à sua conduta nas redes sociais e como isso pode impactar suas práticas profissionais.

Deste modo, os capítulos seguintes têm como objetivo apresentar os cuidados que o(a) psicólogo(a) deve tomar sobre si, bem como promover reflexões sobre a maneira pela qual deve-se portar enquanto profissional de saúde mental. Ressalta-se a necessidade imperativa do profissional prestar a devida relevância a esses aspectos que influem sobre o profissional de saúde mental.

Os psicólogos e as redes sociais

Katty Zúñiga

INTRODUÇÃO

Poucos inventos transformaram tanto a vida em sociedade quanto as redes sociais. Criadas no início do século como espaços para encontrar antigos amigos e trocar amenidades, elas evoluíram para plataformas que mudaram a maneira como as pessoas se comunicam e se relacionam com outras, como se divertem, se informam, trabalham, estudam, compram e contratam todo tipo de serviço. E a psicologia e os(as) psicólogos(as) não são exceções a essa regra, seja como profissionais, seja como usuários.

Segundo o relatório *"Digital 2023 Global Overview Report"* do *site* We Are Social (2023), os brasileiros passam uma média de 9 horas e 32 minutos na Internet por dia, das quais 3 horas e 46 minutos são em redes sociais. Nos dois casos, são os vice-campeões mundiais. Segundo a mesma pesquisa,

65,2% dos brasileiros se dizem preocupados se o que veem na Internet é real ou falso. Nesse quesito, são o quinto país no mundo.

Nessa vida hiperconectada, aparecer nas redes sociais se torna quase uma obrigação. Como visto na paródia *A Modern Dating Horror Story*, do canal *Comic Relief* (2017), uma pessoa que não estiver em nenhuma dessas plataformas passa a ser vista como "estranha" e "fora da realidade".

Pela sua onipresença e o espaço que ocupam no cotidiano, as pessoas criaram uma nova forma de conexão com o outro a partir de sua exposição. Isso permitiu que as redes sociais se transformassem em um espaço privilegiado para que qualquer profissional buscasse emprego ou clientes, criando canais antes inexistentes.

Pela sua própria natureza, o LinkedIn despontaria como a plataforma mais adequada para essa última finalidade. Com 63 milhões de usuários ativos no país no primeiro trimestre de 2023 (Volpato, 2023), essa rede nasceu em 2003 com um propósito de conectar profissionais a recrutadores e clientes interessados em contratá-los. Entretanto, seu *layout* e suas funcionalidades desencorajam muitos profissionais, que preferem usar plataformas mais "fáceis" e populares, especialmente o Instagram, que no Brasil tem 113 milhões de usuários ativos (Volpato, 2023). Essa é uma rede em que se pode encontrar muitos(as) psicólogos(as) brasileiros(as) falando sobre psicologia e mostrando seus trabalhos.

Se as plataformas digitais já vinham sendo usadas de maneira crescente para essas finalidades antes de pandemia, a crise da COVID-19 acelerou esse processo. No primeiro ano, de confinamento mais severo, a população aprendeu que é possível realizar e consumir muitos serviços sem sair de casa. Com o relaxamento das medidas restritivas da pandemia, o que se observa é que muitos pacientes e psicólogos(as) passaram a preferir o atendimento *online* ao presencial, que continua existindo naturalmente. Criou-se ainda uma nova modalidade "híbrida", em que algumas sessões acontecem em consultório e outras *online*. Esse atendimento *online* acontece mediado por plataformas digitais, como serviços de mensagens instantâneas (como o WhatsApp), plataformas de videochamadas (como o Zoom) ou até mesmo o e-mail.

As redes sociais ultrapassam então seu propósito original de um espaço de trocas de informações. Agora se configuram como uma plataforma para educação das pessoas sobre psicologia, uma ferramenta de captação de clientes e, em alguns casos, o próprio mecanismo usado para o atendimento.

Isso exige conhecimento, preparo e novas metodologias dos(as) psicólogos(as), sem nunca abandonarem a ética e os princípios essenciais da profissão. O Conselho Federal de Psicologia (CFP) disciplina como as redes sociais devem ser usadas pelos profissionais. Mas infelizmente se observa que alguns podem estar se perdendo nessa nova realidade.

O ECOSSISTEMA DIGITAL

Ao abraçar as redes sociais com esses novos objetivos, os(as) psicólogos(as) devem tomar cuidado redobrado para que não esqueçam quem são e por que estão ali. A dinâmica das redes sociais é arrebatadora, e alguns profissionais podem até querer aparecer como influenciadores digitais, quando isso não é o seu trabalho.

Estudo realizado por Bertulino (2020) concluiu que essas plataformas digitais dinamizaram as comunicações, tornando-se uma importante ferramenta para oferecer conhecimento científico à população. Fotos, *stories*, *reels* e outros recursos tão comuns nessas plataformas ocupam tempo e podem gerar uma sensação de recompensa por medidas digitais, como "visualizações" e "curtidas". Essas "métricas de vaidade" são questões a serem consideradas, dado que, além do atendimento a seus clientes, o(a) psicólogo(a) também pode ser um produtor de conteúdo.

Uma frase famosa de Carl Gustav Jung, criador da psicologia analítica, presente em suas Obras Completas, ajuda a contextualizar isso: "Conheça todas as teorias, domine todas as técnicas, mas, ao tocar uma alma humana, seja apenas outra alma humana" (Jung, 1991).

Diante desses cenários, vive-se um dilema potencializado pelo espaço que as redes sociais ocupam na vida. Há uma sensação de que profissionais que aparecem em suas páginas seriam melhores. Isso está longe de ser necessariamente verdade, mas os clientes podem premiar essa visibilidade, mesmo de profissionais menos preparados. Aqueles que alcançam a fama nas redes sociais estão sendo mais valorizados, independentemente de suas competências profissionais (Silvestre, 2022).

Por isso, muitos(as) psicólogos(as) se lançam nessa superexposição despreparados, sem colher frutos em decorrência disso. Em alguns casos, até contrariam as indicações do Conselho Federal de Psicologia, por ignorância. Mas esse desconhecimento não os desobriga de seguir as regras e de arcar com consequência pela não observância delas.

Há ainda aqueles que se dedicam a essas atividades a contragosto, o que, para piorar seu quadro, veem com isso suas energias sendo drenadas pelas demandas da exposição digital. Outros contratam agências ou profissionais de mídia, investindo somas consideráveis sem saber se isso lhes trará retornos reais, que, vale dizer, são novos pacientes, e não "curtidas".

Tudo isso reflete o desconhecimento diante de como se portar nessas plataformas digitais. É interessante observar que, no tempo em que vivemos, são raras as pessoas que não passem um tempo considerável se divertindo nas suas redes sociais preferidas. Mas isso é muito diferente de como se portar profissionalmente nesses ambientes. Quando estamos agindo como simples usuários, tudo é permitido (pelo menos dentro do bom senso social). Mas ao se apresentar como um profissional nessas plataformas, regras e cuidados devem ser observados.

Isso não deve desencorajar os(as) psicólogos(as) de ocupar esses espaços profissionalmente. Como será visto ao longo desse capítulo, participar das redes sociais como psicólogos(as) traz muitos benefícios aos próprios profissionais, assim como a seus clientes e até à sociedade como um todo. Com ética e bom senso, essa atuação pode contribuir com a compreensão do que é o trabalho de um(a) psicólogo(a), e ajudar pessoas a lidar ou evitar problemas de saúde mental (cada vez mais comuns na sociedade).

Há ainda o benefício de se conseguir clientes a partir disso, de uma maneira muito mais alinhada com os tempos atuais. É claro que os métodos tradicionais de se conseguir pacientes novos — como a indicação de outras pessoas — continuam valendo. Entretanto, vivemos em uma realidade em que as pessoas avaliam profissionais e empresas de todos os setores a partir de sua presença nas redes sociais: como se portam, o que publicam, como se relacionam com seu "público" (sim, a partir do momento em que se publica algo, pessoas aparecem para interagir).

Cabe ao profissional decidir participar ou não das redes, e de que forma. Contudo, a atitude de não participar das redes sociais, ainda vista entre muitos(as) psicólogos(as), pode não trazer benefícios perceptíveis e ainda impede que o terapeuta tire proveito do bom que o mundo digital lhe propicia, se bem usado.

PUBLICIDADE NAS REDES SOCIAIS

Todas as redes sociais oferecem mecanismos para que seus usuários "impulsionem" suas publicações nas plataformas. No jargão dessas empresas, isso significa pagar para que uma publicação (como um *post*) atinja mais pessoas que impactaria "organicamente" (ou seja, de graça), de preferência pessoas que tenham interesse no assunto.

Essa prática se encaixa em uma definição clássica de publicidade. Mas as ferramentas de autopromoção das redes sociais vão muito além disso, até mesmo não envolvendo pagamentos. Qualquer publicação tem o potencial de apresentar as habilidades e os serviços de alguém pelo que expõe nessas páginas. Portanto, mesmo gratuitas, tudo que se coloca nas redes é considerada uma ferramenta de marketing.

Ainda assim, as publicações profissionais nas redes sociais devem seguir o que está previsto na Nota Técnica 1/2022 do Conselho Federal de Psicologia:

> A psicóloga e o psicólogo podem destacar em sua publicidade, por exemplo, sua formação, o público que atendem, a abordagem teórica que utilizam, sua metodologia de trabalho, entre outras questões técnicas e que caracterizam sua atuação profissional (Conselho Federal de Psicologia, 2022).

A Nota corretamente recomenda cautela nessas publicações, lembrando que as redes sociais podem borrar as fronteiras entre os espaços profissional e pessoal e destacando que não se sabe quem será impactado pelo que aparecer nas plataformas digitais. Toda e qualquer publicação deve estar alinhada com o que dispõe no CEPP (Código de Ética Profissional do Psicólogo) e com as técnicas e fundamentos da ciência psicológica (CFP, 2022).

Naturalmente não é necessário estar presente em todas as redes sociais, até mesmo porque novas plataformas aparecem a todo momento, enquanto outras deixam de existir. O(a) psicólogo(a) deve pautar sua escolha sobre onde publicar por dois motivos principais: as redes sociais onde se sente à vontade de manter um perfil e também por onde entende que seus pacientes estão. Em outras palavras, de nada adianta investir em uma rede social que não goste ou desperdiçar esforço em uma plataforma que seus clientes não costumam frequentar.

O CFP também orienta que os profissionais realizem publicações com discernimento e equilíbrio, evitando conteúdo sensacionalista, previsões taxativas de resultados ou autopromoção em detrimento de outros profissionais (CFP, 2022). Além disso, não devem propor atividades de outras categorias profissionais. O mesmo documento ressalta que toda forma de publicidade, seja física ou digital, deve estar em conformidade com as normas da profissão vigentes e deve ser guiada pelo respeito, promoção da liberdade, dignidade, igualdade e integridade humana, com o objetivo de promover a saúde e a qualidade de vida das pessoas. Além disso, jamais deve induzir a convicções políticas, filosóficas, morais, ideológicas, religiosas, raciais, de orientação sexual, de identidade de gênero ou capacitistas.

Vale destacar que, de acordo com a Resolução 10/2018, o Conselho Federal de Psicologia determina que, ao promover publicamente os seus serviços em qualquer meio, é obrigatório que o profissional informe seu nome completo ou nome social, a titulação "psicóloga" ou "psicólogo", bem como seu número de registro do CRP em que estiver inscrito (CFP, 2018).

Pelo Código de Ética do Psicólogo, por exemplo, em suas publicações, o profissional "não utilizará o preço do serviço como forma de propaganda"

(CFP, 2005), tampouco devem ser mencionados "preço social, atendimento social, desconto, pacote promocional, valor acessível e similares e demais termos que façam referência a vantagem financeira do serviço" (CFP, 2022). São vedados ainda o uso de cupons promocionais e sorteios, assim como depoimentos ou fotos de pessoas atendidas (CFP, 2022).

PERFIL PESSOAL X PERFIL PROFISSIONAL

Quando se pensa na presença de psicólogos(as) nas redes sociais, uma dúvida recorrente é se devem manter dois perfis em cada rede social em que atuam: o dedicado a um uso pessoal, de visualização restrita e sem acesso a seus clientes, e outro profissional, com publicações estritamente ligadas ao trabalho, com conteúdo aberto e acessível ao público, em geral, pacientes.

A decisão de manter dois perfis com essa segregação ou tentar gerenciar todos os relacionamentos em um único acaba sendo pessoal, com vantagens e desvantagens em cada caso. Trabalhar com dois perfis exige a disposição para manter essas duas "personas digitais" nas diferentes redes em que se decida atuar. Em compensação, diminui-se o risco de uma informação muito pessoal do(a) psicólogo(a) acabar sendo exposta a pessoas que não deveriam ver aquilo. Por outro lado, manter um único perfil dispensa o duplo trabalho, porém exige que o profissional esteja continuamente cuidando do que publicará, o que pode acabar limitando sua presença pessoal nas redes.

Qualquer que seja a escolha, é importante que fique claro não existe garantia absoluta de privacidade nas redes. Se o profissional tiver alguma informação que gostaria de ter certeza que não será exposta a quem não deve ver aquilo, o melhor caminho é sempre não publicar em nenhuma plataforma digital.

Garcia (2019) explica que profissionais da área de saúde mental demonstravam "desconfortos quanto à maleabilidade dos limites público/privado", evidenciando a necessidade de ajustes nas regras de gerenciamento da privacidade das plataformas digitais entre psicoterapeuta e paciente. O estudo explica que, quando o profissional lida com diferentes públicos pessoais (como família ou amigos) e profissionais (como colegas e clientes) na mesma plataforma digital, eles ajustam sua conduta segundo tais situações sociais, onde a existência de audiências variadas evidencia a complexidade dessa interação. Com isso, criam-se estratégias diferentes de autoexposição, demonstrando a fronteira frágil entre os aspectos públicos e privados gerenciados nesta ambiência.

Alguns podem argumentar que não se poderia simplesmente deixar todo seu conteúdo, mesmo aspectos pessoais, "aberto" e à disposição de quem quiser vê-lo, incluindo aí seus clientes. Novamente essa é uma decisão pessoal, mas o(a) psicólogo(a) deve considerar os riscos que isso pode causar ao princípio de neutralidade freudiano, como descrito em pesquisa de Feijó, Silva e Benetti (2018):

> Ainda sobre a neutralidade, a participante 6 relatou o exemplo em que uma paciente deprimida que visualizou foto da terapeuta feliz no Facebook, projetou sentimentos hostis por não ter a capacidade, pelo menos momentaneamente, de ter os mesmos sentimentos que a sua terapeuta.

A neutralidade enfrenta outros desafios no mundo das redes sociais. Antes delas, os encontros fora do consultório entre os(as) psicólogos(as) e seus pacientes aconteciam ocasionalmente em locais públicos, onde a troca de informações acaba sendo mínima. Nas plataformas digitais, o "acaso" é substituído por seus algoritmos que decidem, seguindo seu único (e desconhecido) critério, mostrar a cada um dos bilhões de usuários o que devem ver. E, na montagem desse *feed de informações*", conteúdos do(a) psicólogo(a) podem ser apresentados a seus pacientes e vice-versa, mesmo que nenhum desses atores esteja buscando por isso.

Esse comportamento cibernético cria uma sensação de que as redes sociais fossem como pequenas cidades do interior, em que todos se conhecem. A despeito dos bilhões de usuários dessas plataformas, seus algoritmos insistem em criar e manter as pessoas em "bolhas de informação", onde acabam sabendo muita coisa de um seleto grupo de "amigos" (na verdade, conexões), assim como suas vidas são expostas também a uma seleção restrita de usuário. É nessa hora que informações "pessoais demais" acabam sendo expostas a muita gente, pelo simples fato de terem sido publicadas, mesmo supostamente protegidas por ferramentas de privacidade das mesmas plataformas *online*.

Garcia (2019) explicou em seu estudo que, diante de situações consideradas incômodas ou constrangedoras (como em críticas públicas, imprecisão nos limites entre a arena profissional e a arena pessoal e situações de assédio), os profissionais passam pelo chamado "colapso de contextos", ou seja, quando se lida com públicos variados em um mesmo cenário, adaptando sua performance a partir dos recursos técnicos disponíveis para se garantir a manutenção da sua fachada.

O(a) psicólogo(a) precisa se apropriar da ideia de que também é um formador de opinião, tanto no consultório quanto nas redes sociais. O que se publica nas plataformas digitais ganha peso, especialmente entre seus pacientes. Deve, portanto, justificar a confiança que outras pessoas depositam nele, não publicando nada que indique sua "dependência de substâncias ilícitas, comportamentos violentos, abusivos, racistas ou homofóbicos, fotos constrangedoras etc." (Garcia, 2019, p. 32).

COMUNICAÇÃO COM PACIENTES PELAS REDES

As redes sociais vão muito além de um repositório virtualmente infinito de informações pessoais: elas se transformaram em plataformas dos mais diversos serviços colaborativos e compartilhados. Além disso, oferecem poderosas ferramentas de comunicação, que foram profundamente incorporadas por todas as pessoas a seu cotidiano.

Psicólogos(as) e seus pacientes também acabam usando esses recursos para se comunicar. Eventuais restrições a isso provavelmente caíram por terra durante o período de distanciamento social provocado pela pandemia de COVID-19, quando a comunicação *online* se tornou onipresente em todas as relações.

Assim sendo, caso o psicólogo(a) e o paciente passem a usar essas plataformas como instrumento regular de comunicação, é importante definir claramente a natureza desse contato. E um dos principais pontos de atenção é explicar que essa abertura não implica no profissional estar disponível a qualquer momento, como acontece eventualmente com amigos e familiares nesses ambientes digitais.

A definição de limites é fundamental logo no início do processo. A criação de regras claras para todos ajuda a evitar comportamentos inadequados do paciente com o(a) psicólogo(a), como perseguições, invasão de privacidade, comentários (públicos ou privados) incompatíveis com o processo terapêutico, interação com familiares e até "hackeamento" (invasão) de perfis nas redes sociais.

O problema também pode acontecer no sentido inverso, com o(a) psicólogo(a) ultrapassando os limites com o paciente. O profissional deve estar permanentemente atento para não cometer as mesmas atitudes condenáveis citadas acima.

Mas há ainda um aspecto adicional que merece muito cuidado do(a) psicólogo(a): com tanta informação disponível nas redes sociais, o profissional pode se sentir tentado a vasculhar as publicações de seus pacientes. E é preciso lembrar que o terapeuta deve trabalhar com as informações do cliente que ele mesmo trouxer para o processo terapêutico. Dessa forma, o(a) psicólogo(a) deve se abster de buscar mais elementos sobre o paciente nas redes sociais.

Ainda assim, como já explicado anteriormente, essas informações podem aparecer no "*feed* de notícias" das redes sociais do(a) psicólogo(a) e do paciente por critério único e exclusivo de seus algoritmos. Dessa forma, mesmo que não exista uma "busca ativa" de qualquer um dos lados, eles podem ser "brindados" com informações do outro. E, dependendo do que for apresentado, um dilema pode surgir: o(a) psicólogo(a) deve trazer para o processo terapêutico informações relevantes, mas colhidas fora deles, pela ação nas redes sociais? Entre possíveis assuntos nessa categoria, estariam, por exemplo, ideações suicidas, uso de drogas, prática de delitos e comportamentos sexuais arriscados.

O QUE PUBLICAR NAS REDES SOCIAIS

Em tese, podemos publicar qualquer coisa dentro dos limites determinados pela ética profissional e pelo bom senso. O Conselho Federal de Psicologia oferece vasto material sobre o que fazer, mas a partir disso, o que deve ser considerado para compor as publicações de psicólogos(as) nas redes sociais?

Como já explicado nesse capítulo, elas podem desempenhar um papel formidável de promoção do(a) psicólogo(a) e de seu trabalho, mas isso só acontecerá se a maioria do que for apresentado tratar desses temas. Se as publicações trouxerem exclusivamente aspectos pessoais do(a) psicólogo(a), esse objetivo promocional provavelmente não será atingido.

Não é preciso ser um "influenciador digital" com milhões de seguidores para se tornar um formador de opinião nas redes. O(a) psicólogo(a) que fizer, de maneira consistente, publicações sobre a Psicologia já prestará um serviço à sociedade. Nesse sentido, o CFP sugere que:

> A psicóloga e o psicólogo contribuirão para promover a universalização do acesso da população às informações, ao conhecimento da ciência psicológica, aos serviços e aos padrões éticos da profissão (Princípio Fundamental V do Código de Ética Profissional do Psicólogo) (CFP, 2022).

Dessa forma, ao demonstrar conhecimento sobre a Psicologia, suas técnicas e a importância social, o profissional constrói gradualmente a sua reputação nas redes sociais. Isso tem um inestimável valor, pois a reputação (e não apenas nas redes) não é algo que possa ser comprada. Ela é concedida ao indivíduo por outras pessoas, quando elas reconhecem nele valores positivos em torno de um determinado tema.

O valor da reputação fica mais claro quando se entende que ela cristaliza a mensagem do profissional na mente do seu público, de modo que o(a) psicólogo(a) deve ser lembrado como alguém capacitado quando o cliente precisar de atendimento. É por isso que o CFP orienta os profissionais a disseminarem informações e conteúdos que apresentem ao público a psicologia, com sua qualidade de ciência (CFP, 2022).

Além da exatidão técnica, as publicações nas redes sociais devem ser construídas para favorecer a interação. Afinal, a dinâmica dessas plataformas visa elaborar conversas.

Diante disso tudo, o(a) psicólogo(a) é a pessoa mais adequada para apresentar, explicar e interagir com as pessoas nas diferentes redes sociais para contextualizar o que é a psicologia e como ela pode ajudar cada um, dentro de suas necessidades específicas. É preciso lembrar que muita gente simplesmente não sabe como funciona o processo terapêutico, não sabe bem o que é a psicologia e muito menos como isso pode ajudar nas suas questões.

Por isso, as publicações de psicólogos(as) nas redes sociais podem desempenhar um importante papel social de esclarecimento. Não se trata, portanto, de uma autopromoção vazia ou egocêntrica. Pelo contrário, consiste em produzir um material com o foco nas necessidades do público, buscando conhecer o que precisam e explicando como a psicologia pode ajudar cada um a melhorar.

CUIDADOS COM A EXPOSIÇÃO DO PACIENTE

Nesse processo de publicação nas redes, os(as) psicólogos(as) precisam tomar um cuidado redobrado com qualquer exposição de seus pacientes. E infelizmente alguns profissionais têm falhado nisso.

É verdade que a dinâmica do processo terapêutico oferece grandes ensinamentos também ao(a) psicólogo(a), que pode querer aproveitar esse conhecimento adquirido para ensinar algo a outros profissionais e até a clientes. Isso é legítimo, mas em hipótese alguma um paciente deve ser identificado em tais publicações. Isso feriria o artigo 9º do Código de Ética do Psicólogo, que prevê que:

É dever do psicólogo respeitar o sigilo profissional a fim de proteger, por meio da confidencialidade, a intimidade das pessoas, grupos ou organizações, a que tenha acesso no exercício profissional (CFP, 2005, p. 11).

Dessa forma, o uso de imagens, nomes ou qualquer referência que permita que o paciente seja identificado deve ser evitado a qualquer custo. Ainda assim observa-se que alguns(mas) psicólogos(as) procuram tomar esse cuidado de anonimizar os casos usados em publicações nas redes sociais, mas uma imagem com parte do corpo do paciente ou até a menção de alguns aspectos dos casos podem ser suficientes para que os próprios pacientes ou pessoas com quem convivem possam identificá-los.

A não observância desse cuidado, pode acarretar severas punições, previstas no artigo 21 do Código de Ética do Psicólogo:

- Advertência;
- Multa;
- Censura pública;
- Suspensão do exercício profissional, por até 30 (trinta) dias, *ad referendum* do Conselho Federal de Psicologia;
- Cassação do exercício profissional, *ad referendum* do Conselho Federal de Psicologia. (CFP, 2005, p. 16).

Dessa forma, por mais tentador que possa ser o compartilhamento de informações de casos nas redes sociais, isso jamais deve ser feito.

RASTROS DIGITAIS E NEUTRALIDADE

A digitalização da vida cria outro ponto de atenção para o(a) psicólogo(a): os chamados "rastros digitais". A Internet, como diz o ditado, "tem memória de elefante", ou seja, uma vez que algo é publicado no mundo digital, dificilmente será apagado ou "esquecido". Isso significa que o passado das pessoas, inclusive dos(as) psicólogos(as), pode ser resgatado e contraposto com seu momento presente.

Isso pode ter impactos consideráveis no conceito de neutralidade, uma vez que esses profissionais se tornam muito mais expostos a seus clientes. É sabido que é praticamente impossível ser totalmente neutro. Mesmo antes do advento dessa "vida digital", psicólogos(as) e pacientes poderiam eventualmente se encontrar em locais públicos, como um supermercado ou um cinema.

A diferença agora recai, portanto, no volume de informações disponíveis e na facilidade do acesso a elas. Diante disso, conceitos de Freud e de Jung podem ajudar, ao se buscar, por um lado, a neutralidade com um uso consciente das redes sociais, e, por outro, ser honesto e trabalhar questões humanas com o paciente, ligado às suas fantasias e questões simbólicas ocasionadas pelas informações publicadas nessas plataformas digitais, caso apareçam.

Em sua pesquisa, Feijó, Silva e Benetti (2018) explicam que os participantes entrevistados consideraram que o posicionamento dos profissionais nas redes sociais poderia impactar negativamente no tratamento. E os rastros digitais deixados por esses profissionais podem ser desde informações mais explícitas e conscientes, como suas próprias publicações no Facebook, quanto rastros digitais mais sutis, mas que podem trazer informações relevantes para os pacientes, como o horário em que o terapeuta leu uma mensagem enviada a ele por WhatsApp.

Outra prática sugerida é o profissional fazer procuras regulares pelo próprio nome em ferramentas de buscas, como o Google. Dessa forma, saberá quais informações suas estão sendo exibidas na Internet.

Garcia (2019) amplia o debate sobre possíveis problemas decorrentes da "persistência" dos conteúdos no meio digital, que potencialmente podem durar para sempre, diferentemente de uma conversa presencialmente, onde o que se fala vai se dissipando.

Tal característica pode ser percebida quando aqueles que interagem com o(a) psicólogo(a) nas redes sociais digitais têm acesso a um conteúdo publicado por ele na adolescência, por exemplo. Tal acesso em um tempo e lugar diferentes daquele em que o conteúdo foi postado pode promover interpretações desajustadas ao contexto de interação atual; a escalabilidade, onde os conteúdos apresentam um alcance demasiado e possivelmente o usuário não tem controle sobre o público que irá acessá-lo; a replicabilidade, onde o conteúdo pode ser facilmente compartilhado com diversos públicos, como, por exemplo, quando o profissional de psicologia publica algum conteúdo na sua rede social digital pessoal e aquele conteúdo é copiado por algum seguidor e enviado para outras audiências diferentes daquelas que seguem o(a) psicólogo(a) (Garcia, 2019, p. 32).

É verdade que algumas plataformas digitais, como o Facebook, oferecem recursos para que os usuários controlem quem deve ser capaz de ver cada uma de suas publicações. Apesar de se recomentar que essas restrições sejam usadas, elas são falhas por diferentes motivos. O principal é que muitos (possivelmente a maioria) dos usuários nem sequer sabem de sua existência ou pelo menos de como usá-los adequadamente. Outro ponto a ser considerado é que, mesmo que um conteúdo esteja "protegido" por esses sistemas, limitando quem tem acesso a ele, nada impede que alguém com permissão para ver aquilo o reproduza em uma nova publicação, sem as mesmas restrições, jogando por terra todo o cuidado que a pessoa que publicou aquilo originalmente teve.

A regra geral é: se não quiser que algo seja visto por alguém, isso não deve ser publicado nas redes sociais ou em *sites* (que serão rastreados pelos buscadores). Os controles de privacidade das diferentes plataformas são bem-vindos, mas não são garantia absoluta de nada.

Vivenciar situações constrangedoras e/ou incômodas na arena digital é também lidar com as características técnicas e sociais do cenário de interação, ao mesmo tempo que ajustar as configurações de privacidade envolve o estabelecimento de limites mais precisos entre alguns aspectos mais privados dos respondentes. Ao vivenciar tais situações, o indivíduo lança mão de estratégias que o auxiliem na manutenção da sua fachada a fim de que a interação seja mantida (Garcia, 2019, p. 57).

É um exercício de autoconhecimento e de abstração. O(a) psicólogo(a) deve tentar imaginar se algo que parece ser seguro para ser publicado hoje pode gerar algum infortúnio no futuro.

TRANSFERÊNCIA E CONTRATRANSFERÊNCIA

Para Freud, a neutralidade do analista no processo terapêutico é fundamental. Ele afirmava que o cliente deve saber o mínimo — se possível nada — da vida do(a) psicólogo(a). Segundo ele, o analista necessita ter a frieza de um cirurgião e "deve ser opaco aos seus pacientes e, como um espelho, não lhes mostrar nada, exceto o que lhe é mostrado" (*apud* Fortim, 2006, p. 54).

Mas como fazer isso em um mundo digital de hiperexposição, ainda que de forma indesejada ou até desconhecida? Como tem sido abordado nesse capítulo e é reforçado no que trata do impacto das redes sociais no processo terapêutico, a vida do(a) psicólogo(a) e dos pacientes acaba sendo muito exposta nas plataformas digitais, com um sendo impactado por informações do outro, mesmo que não as busque, graças aos seus algoritmos.

Freud também tratou do fenômeno da transferência. Ele percebeu que para os pacientes a relação com o terapeuta era muito importante, podendo influenciar, alterar ou até mesmo produzir novos sintomas. De acordo com suas observações, isso não se daria com a figura real do analista, mas com a projeção de experiências vividas anteriormente pelo paciente (*apud* Fortim, 2006, p. 53).

Logo percebemos que a transferência é, ela própria, apenas um fragmento da repetição e que a repetição é uma transferência do passado esquecido, não apenas para a figura do médico, mas também para todos os outros aspectos da situação atual (Fortim, 2006, p. 53).

Freud dizia que a neutralidade se tornava ainda mais importante nessa relação tanto para o(a) psicólogo(a) quanto para o paciente. Para esse último, ela é necessária para que possa projetar sua psique livremente. Já para o profissional, funciona como uma proteção para sua vida emocional. Vale dizer que, nesse processo de comunicações conscientes e inconscientes, o processo de análise passaria invariavelmente pela personalidade do(a) psicólogo(a). Logo é muito importante que ele seja consciente de seus próprios conteúdos, especialmente em um mundo digitalizado como o que vivemos.

Jung, por sua vez, reviu esses conceitos freudianos. Para ele a transferência não é tida apenas como uma rememoração de uma vivência infantil, mas sim uma projeção especial de vivenciar a figura do terapeuta, incluindo arquétipos, como, por exemplo, o mais comum, o arquétipo do curador, no qual o paciente deposita no terapeuta a esperança/responsabilidade de solução para seus problemas (*apud* Fortim, 2006, p. 54).

Transpassando o "divã protetor" no fazer freudiano, Jung acreditando que, a transferência é um processo no qual o consciente e o inconsciente do terapeuta e paciente estariam envolvidos, propõem o atendimento frente a frente com o paciente, assumindo assim uma condição humana. Nesta lógica, esta postura interfere nas expectativas que um paciente tem em relação ao seu terapeuta, as quais estão relacionadas com a maneira como o paciente demanda, inconscientemente, usar seu analista para promover sua cura. O analista não é apenas visto com seu eu real, mas sim também como se fosse algo mais (*apud* Fortim, 2006, p. 54).

Voltando para a realidade digital e de hiperexposição dos dias atuais, é preciso analisar como as visões de Freud e de Jung sobre a transferência podem ser aplicadas hoje e o que se pode aprender delas para a situação de um atendimento *online*. O paciente normalmente traz uma curiosidade natural sobre a figura de seu terapeuta. Alguns profissionais, por sua vez, podem se sentir tentados a buscar mais informações de seus pacientes em redes sociais e buscadores.

Isso pode criar "relacionamentos múltiplos", que misturam o lado profissional do(a) psicólogo(a) com o lado pessoal no relacionamento com o paciente. Para evitar problemas decorrentes disso, o(a) psicólogo(a) deve fazer as seguintes perguntas a si mesmo:

- Entrar num relacionamento além do profissional é necessário ou deveria ser evitado?
- Esse "relacionamento duplo" poderia prejudicar o paciente?
- Se não houver prejuízo, esse relacionamento pode ser benéfico?

- Se existe um risco de "relacionamento múltiplo", isso corrompe o relacionamento terapêutico?
- O(a) psicólogo(a) é capaz de analisar esse assunto de uma maneira objetiva?

Na mesma linha de raciocínio, antes de buscar informações sobre os pacientes, os(as) psicólogos(as) devem se fazer as perguntas abaixo, contando inclusive com o apoio de colegas e supervisores para obter melhores respostas:

- Por que se quer realizar essa pesquisa?
- A pesquisa ajuda ou compromete o tratamento?
- Para essa busca, seria necessário obter consentimento prévio do paciente?
- O(a) psicólogo(a) deveria compartilhar os resultados da busca com o paciente?
- O(a) psicólogo(a) deveria documentar seus achados de busca no registro do paciente?
- Como o(a) psicólogo(a) deve monitorar as motivações e o contínuo risco/benefício de fazer buscas?

CONSIDERAÇÕES FINAIS

As redes sociais fazem parte das vidas de todos de maneira indissociável, inclusive dos(as) psicólogos(as). Dessa forma, não é possível ignorar sua existência ou não as usar. E isso não implica em fazer um uso intensivo dessas plataformas, e sim um uso consciente para entender seu funcionamento. Afinal, a dinâmica dessas plataformas impacta decisivamente a vida das pessoas, e o(a) psicólogo(a) precisa se apropriar delas até mesmo para oferecer um atendimento de melhor qualidade.

Justamente por essa penetração, ao mesmo tempo, profunda e pulverizada, esses profissionais podem ocupar esse espaço com suas próprias publicações. Isso é necessário não apenas para promover seus serviços e captar novos pacientes de maneira ética, mas também para educar o público sobre como funciona a psicologia e como o processo terapêutico pode ajudar a todos a terem uma vida melhor.

Os(as) psicólogos(as) devem, entretanto, prestar atenção às particularidades de seu trabalho e ao que prevê o Código de Ética do Psicólogo. Quando se apresentam profissionalmente nas redes, não podem fazer uso delas como quando estão atuando apenas como simples usuários. São momentos diferentes de suas vidas, com propósitos diferentes e legítimos em cada caso. Mas não podem ser misturados de maneira inconsequente.

Os(as) psicólogos(as) precisam saber lidar com isso. Da mesma forma que não podem ter uma postura de deslumbramento ou ingenuidade diante de tantas possibilidades que as TICs lhes oferecem, não podem ser resistentes a elas. Não há como querer impedir esse avanço tecnológico, pois os pacientes estão participando dele ativamente.

A neutralidade nos moldes do que Freud propunha dá espaço a um necessário bom senso do(a) psicólogo(a), que agora fica forçosamente frente a frente com o paciente, de uma maneira mais alinhada com o que o Jung defendia.

O relacionamento entre psicólogos(as) e pacientes não voltará a ser como antes da pandemia de COVID-19. Ele agora se dá de outra forma, por outros canais e com mais trocas de informações entre as partes, às vezes de maneira inadvertida e até indevida.

Os(as) psicólogos(as) capazes de compreender e se apropriar desses conceitos colherão muitos frutos profissionais e prestarão um grande serviço à sociedade com sua atuação nas redes sociais.

EXERCÍCIOS DE FIXAÇÃO

- Faça um exercício com seus colegas, pesquisando todos sobre o mesmo assunto no Google. Verifique como os resultados mudam de pessoa para pessoa. Depois procurem entender como os rastros digitais que cada um de vocês deixa na Internet pode ter influenciado essas respostas e gerado as diferenças.

- Sobre a uso das redes sociais pelo(a) psicólogo(a) para sua autopromoção, você sente que esses profissionais estão seguindo as orientações do Conselho Federal de Psicologia?

REFERÊNCIAS

BOSSI, T.; SEHAPARINI, I. Desafios na transição dos atendimentos psicoterápicos presenciais para online na pandemia de COVID-19: revisão sistemática. **Revista Brasileira de Psicoterapia**, v. 23, n. 1, 2021.

CONSELHO FEDERAL DE PSICOLOGIA. **Resolução nº 11, de 11 de maio de 2018**, 11 de maio de 2018. Disponível em: <https://site.cfp.org.br/wp-content/uploads/2018/05/RESOLU%C3%87%C3%83O-N%C2%BA-11-DE-11-DE-MAIO-DE-2018.pdf>. Acesso em: 28 de março de 2023.

FEIJÓ, L.; SILVA, N.; BENETTI, S. Impacto das Tecnologias de Informação e Comunicação na Técnica Psicoterápica Psicanalítica. **Trends Psychology**, v. 3, n. 26, 2018.

FORTIM, I. O Orkut na clínica e a relação terapeuta paciente. In: PRADO, O., FORTIM, I. COSENTINO, L. **Psicologia & informática: produções do III. psicoinfo II. jornada do NPPI**. São Paulo: Conselho Regional de Psicologia de São Paulo, 2006.

GARCIA, B. **Psicólogo (a) no contexto digital: gerenciamento de impressões em redes sociais**. (Dissertação) Mestrado em Psicologia – Universidade Federal da Bahia, Salvador, Bahia, 2019.

SILVA, S.; SOUZA, K.; PACHECO, F.; MENESES, G. Atendimentos Psicoterapêuticos Online Durante a Pandemia de COVID-19 no Brasil. **Revista FSA**, v. 19, n. 7, 2022.

Impactos dos atendimentos *online* nos profissionais

Gabriella Cronemberger

INTRODUÇÃO

O presente texto aborda questões cruciais relacionadas à saúde dos profissionais de psicologia, tanto a saúde do corpo como da mente, no contexto em que estes profissionais se encontram em meio à crescente integração das tecnologias de informação e comunicação em suas práticas terapêuticas.

Por meio de pesquisas recentes e reflexões de especialistas, buscamos compreender como a interação entre psicologia e tecnologia está remodelando a prática terapêutica e, ao mesmo tempo, afetando o bem-estar e a qualidade do trabalho realizado pelos profissionais da área.

A proposta é levantar alguns questionamentos importante aos(as) psicólogos(as), como: E nós, psicoterapeutas? Como somos afetados e nos sentimos com esse formato de psicoterapia e uso das tecnologias em nosso trabalho? Como fica a nossa saúde física e mental? Afinal de contas, quem cuida também precisa ser cuidado.

SAÚDE DO CORPO

Para Silva e Ramos (2020), no caso do(a) psicólogo(a) o seu principal recurso de trabalho corresponde a si mesmo, portanto, as condições materiais interferem na ergonomia, em seu bem-estar e logo na qualidade de seu trabalho desempenhado.

Oliveira (2020) fala a respeito de sua experiência no período de pandemia, mencionando o que sentiu em seu corpo no início, como os olhos doloridos pelo uso da tela e ouvidos pelo uso dos fones, pontuando o uso em destaque dos sentidos visual e auditivo.

De acordo com Barros *et al*. (2021) o excesso de exposição de luz da tela pode afetar nosso ritmo circadiano, causando distúrbios do sono e depressão, pois ela interfere em glândulas e hormônios que são importantes na regulação de nossos ciclos. Além disso, essa exposição excessiva deixa nossos olhos secos, pois tendemos a piscar menos quando estamos em frente às telas, o que tem tornado alguns problemas oculares mais comuns de acordo com as autoras, sendo hoje utilizados para esses problemas termos como fadiga visual e fadiga ocular digital.

Para assegurar o sigilo e foco nas sessões, também tem sido comum o uso de fones de ouvido. De acordo com Gonçalves e Dias (2014), além do cuidado com a intensidade do som utilizada nesses aparelhos, deve-se também atentar para o seu modelo, pois os "fones de inserção conduzem toda a pressão sonora para dentro da orelha média e, depois, para a orelha interna sem nenhuma proteção." As autoras pontuam ainda sobre os limites de exposição que o aparelho auditivo humano possui em termos de tempo e de intensidade, destacando a necessidade de repousos. Além disso, explicitam que o uso constante desses aparelhos pode causar o aparecimento de queixas auditivas e extra-auditivas.

Para além do cuidado desses sentidos, podemos ainda pensar na ergonomia do nosso local de trabalho, ou seja, na importância de uma cadeira e mesa que ofereçam conforto e ergonomia adequados diante de tanto tempo sentados. Também na necessidade de pequenas caminhadas e alongamentos nas pausas entre os atendimentos. A postura inadequada no uso de aparelhos tecnológicos pode causar alterações posturais na coluna cervical e cervicalgia, que são dores, rigidez e/ou desconforto na região do pescoço, podendo irradiar para braços, cabeça e ombros (Jesus *et al.*, 2023; Bortolan *et al.*, 2022).

Ratan, Miller e Bailleson (2021), investigaram as consequências psicológicas de se passar muitas horas em videochamadas nas diferentes plataformas. Em seu trabalho, elencam quatro principais razões: quantidade excessiva de contato visual próximo e intenso; ver a si mesmo na tela; a redução de mobilidade em relação ao habitual; e de que a carga cognitiva acaba sendo muito maior em *chats* de vídeo. Devido a esses fatores, o estudo faz algumas recomendações como a importância das pausas entre as vídeo chamadas, alongamentos e que se possível, se esconda a própria imagem na tela.

Oliveira (2020) reflete também em relação ao período de Pandemia no qual nos cansamos do uso intenso do Zoom, mas do qual aos poucos fomos nos esquecendo e deixando de falar a respeito. O autor então questiona se esse cansaço acabou, se nos acostumamos a ele, ou ainda, de qual cansaço de fato estamos falando. Tal cansaço era apenas devido à Pandemia e suas sérias circunstâncias? Ou esse cansaço é específico e intrínseco ao atendimento *online* e, portanto, nos acompanhará? Será o mesmo cansaço que sentimos nos atendimentos presenciais? Talvez seja interessante fazermos essa reflexão e auto-observação.

SAÚDE MENTAL

De acordo com Feijó, Silva e Benetti (2018, p. 258) ainda que os recursos tecnológicos possam facilitar o trabalho terapêutico, eles também impõem limites ao exercício clínico, pois podem desencadear no terapeuta "sentimentos de invasão, falta de limite e instantaneidade." Os autores refletem sobre como fica a saúde mental do terapeuta tanto no momento do atendimento, mas também fora dele, considerando que se perdem alguns limites de acesso na relação entre terapeuta e paciente devido às facilidades de contato que oferecem as diferentes redes sociais. Desse modo, é como se o profissional estivesse a todo tempo *online*.

Para lidar com isso, esses autores discutem em sua pesquisa a importância de um contrato terapêutico inicial, que inclua combinados de como terapeuta e paciente podem utilizar as tecnologias de informação e comunicação durante o processo terapêutico, a fim de poder estabelecer um enquadre sobre o uso desses meios, tanto durante as sessões quanto fora delas.

Na pesquisa realizada por Kotera *et al.* (2021), verificou-se que os terapeutas entrevistados sentiram que não foram treinados o suficiente para o formato de terapia *online*. A respeito disso, podemos refletir se essa sensação e dificuldade de manejo será semelhante para as próximas gerações de profissionais pós pandemia, ou ainda quais serão as próximas adaptações necessárias, visto que novas tecnologias e ferramentas continuarão surgindo.

Torna-se, portanto, necessário, por prevenção, um contrato psicoterapêutico de trabalho muito claro entre ambos, terapeuta e cliente. É o que também refere Yellowlees e Shore (2018) ao reconhecerem a necessidade de controlar essas comunicações e ter uma política clara que os pacientes a entendam e respeitem. Esses autores reconhecem que hoje todos nós temos *smartphones* e com isso, temos também a tendência a ficarmos vendo e respondendo mensagens com frequência. Dessa forma, acabamos não nos desconectando de aspectos relacionados ao trabalho, ainda que não estejamos mais de fato trabalhando. Por isso, os autores reforçam a importância de que o próprio profissional estabeleça seus limites de acesso e repasse isso com clareza para seus pacientes. Além disso, também entendem como importante que se separe os endereços profissionais dos pessoais.

Entretanto, em outro trabalho, Feijó, Silva e Benetti (2018) também reconhecem que as intervenções e acordos a respeito desses meios podem se diferenciar de acordo com o estilo terapêutico do(a) psicólogo(a), perfil e demanda do paciente, sendo difícil generalizar. Para Yellowlees e Shore (2018) há como conceder diferentes níveis de acesso para cada paciente por diferentes motivos, então sugerem que isso seja discutido individualmente com cada um, a respeito de quando e como podem fazer uso desses meios.

Assim, Feijó, Silva e Benetti (2018) falam a respeito de como o uso das tecnologias podem gerar para os terapeutas uma comunicação que seja invasiva, no sentido que o paciente pode a qualquer momento enviar mensagens e até mesmo buscar discutir temas que deveriam ser abordados em sessão. Uma das terapeutas entrevistadas em sua pesquisa refere sentir que os pacientes ficam esperando que suas respostas às mensagens sejam imediatas, porém a entrevistada explica que nem sempre isso é possível. Menciona que alguns de seus pacientes parecem ter dificuldades para entender essa falta de disponibilidade naquele momento.

Além disso, esses autores destacam também a necessidade da ausência do terapeuta entre uma sessão e outra na vida do paciente para que ele possa subjetivar. É importante que o próprio paciente possa, ao longo de seu processo, sentir, reconhecer, sustentar emoções e situações de modo autônomo.

Nesse sentido, Yellowlees e Shore (2018) também indicam que se evite longos e-mails ou mensagens aos pacientes, de modo a direcionar o que precisa ser conversado para a sessão. Orientam ainda que devem ser também incluídos nos combinados contatos que podem ser utilizados para comunicações urgentes, bem como deixar mensagens quando se estiver ausente.

Os profissionais devem atentar-se ainda ao que explicita Silva e Ramos (2020) a respeito da importância de diferenciarmos os momentos de trabalho, lazer, descanso, espiritualidade etc. quando se está e se vivencia tudo isso no mesmo ambiente.

Mas também pensando em nossa saúde, deve-se reconhecer os benefícios que o uso das tecnologias nos oferece. De acordo com Yellowlees e Shore (2018), podemos usá-la para anotar sessões e isso nos poupa tempo, facilita o resgate e compartilhamento de informações. Além de que, trabalhar de casa pode ser mais cômodo, poupando-se tempo e custos de deslocamentos, aluguel de espaços e, portanto, mais barato, conforme verificou em seu estudo.

Colocar limites na comunicação entre terapeuta e paciente também é importante para o cuidado com a saúde mental. O profissional precisa decidir como e quando deve interagir profissionalmente, e deixar isso claro aos pacientes (Yellowless e Shore, 2018). Interagir de forma incessante e não estabelecer espaços para férias e momentos de descanso é desgastante para os profissionais. Também é recomendado que haja pausa entre os atendimentos, pelo maior cansaço que esse tipo de atendimento oferece.

Por fim, pensando no período de Pandemia de COVID-19 e saúde desses profissionais é válido trazer o que observaram Silva e Ramos (2020) ao reconhecerem os esforços e adaptações realizadas pelos(as) psicólogos(as) ao lidarem "diretamente com os efeitos estressores advindos do enfrentamento da pandemia na sua vida e na dos seus clientes, tendo que efetuar os mais diversos ajustes para continuar realizando o seu trabalho com segurança e qualidade, encontrando potências em tempos de fragilidade" (p. 19).

CONSIDERAÇÕES FINAIS

Você, profissional de saúde mental, é parte tão importante quanto as outras ferramentas e técnicas da Psicologia, o que significa dizer que bons resultados no processo psicoterapêutico, vão demandar bons autocuidados dos profissionais.

Para além disso, é importante lembrar que além de profissional você também é um ser humano, que por conseguinte demanda atenção e cuidado na mesma intensidade que você cuida de seus pacientes. A proposta deste capítulo foi fornecer a reflexão para a implementação de um lugar de cuidado para quem cuida.

Portanto, a tecnologia traz benefícios a nossa atuação, entretanto, requer que tomemos alguns cuidados específicos para que não cumpra a função inversa de nos causar também algumas dificuldades e até sofrimentos. Requer cuidado e preparo técnico, como instrução, recursos de tecnologia adequados, instrumentos ergonômicos e contratos bem estabelecidos com os pacientes e conosco mesmos no sentido de reconhecermos e respeitarmos nossos próprios limites.

EXERCÍCIO DE FIXAÇÃO

- Em seus atendimentos, qual tem sido sua experiência? Como tem se sentido em termos mentais e físicos?

- Já teve de enfrentar algum desafio com algum paciente em termos de comunicação fora da sessão?

REFERÊNCIAS

BARROS V. F., OLIVEIRA R. A., MAIA R. B., FERNANDES N., ALMODIN E. M. Effects of the excessive use of electronic screens on vision and emotional state. **Rev Bras Oftalmol.** 80(5):e0046. 2021

BORTOLAN, G. M. Z., MAGER, G. B., DOMENECH, S. C., FERREIRA, M. G. G. Modelo Visual do Design de Interação no Ambiente de Home Office: Espaço Físico, Atividade e Usuário. Re. da Associação Brasileira de Ergonomia. – ISSN 1519-7859 – Volume 15, Número 1, Ano de 2022. Disponível em: http://www.abergo.periodikos.com.br/article/10.4322/rae.v16e202208/pdf/abergo-16-1-e202208.pdf. Acesso em 28 de mar. De 2023.

FEIJÓ, L. P.; SILVA, N. B.; BENETTI, S. P. C. Impacto das tecnologias de informação e comunicação na técnica psicoterápica psicanalítica. **Temas psicol.**, Ribeirão Preto, v. 26, n. 3, p. 1633-1647, set. 2018. Disponível em <http://pepsic.bvsalud.org/scielo.php?script=sci_arttext&pid=S1413-389X2018000300018&lng=pt&nrm=iso>. acessos em 31 mar. 2023. http://dx.doi.org/10.9788/TP2018.3-18En. Acesso em 28 de mar. de 2023.

FEIJÓ, L. P., SILVA, N. B., & DA CRUZ BENETTI, S. P. Experiência e Formação Profissional de Psicoterapeutas Psicanalíticos na Utilização das Tecnologias de Informação e Comunicação. **Psicologia: Ciência e Profissão**, 38(2), 249-261. 2018. http://dx.doi.org/10.1590/1982-3703003032017.

GONÇALVES, C. L.; DIAS, F. A. M. Achados audiológicos em jovens usuários de fones de ouvido. Revista Cefac, 16 (4), Jul-Ago, 2014. Disponível em: https://www.scielo.br/j/rcefac/a/cdVsg5VDzbWg3CvL6Zj8vBn/?lang=pt#. Acesso em 28 de mar. de 2023.

JESUS, C. F.; OLIVEIRA, H. L. N.; FARIAS, N. R. Alterações posturais na coluna cervical dos estudantes pelo uso excessivo do *smartphone*. No 22 páginas. Trabalho de Conclusão de Curso (Curso de Bacharelado em Fisioterapia). Faculdade AGES. Jacobina, BA, 2023. Dispovível em: https://repositorio.animaeducacao.com.br/handle/ANIMA/34439. Acesso em: 28 de julho de 2023.

KOTERA Y., KALUZEVICIUTE G., LLOYD C., EDWARDS AM, OZAKI A. Qualitative Investigation into Therapists' Experiences of Online Therapy: Implications for Working Clients. **Int J Environ Res Public Health.** 2021 Sep 29;18(19):10295. doi: 10.3390/ijerph181910295. PMID: 34639594; PMCID: PMC8507863.

OLIVEIRA, M. C. Um Breve Testemunho do Corpo Online na Psicoterapia e no Movimento Autêntico em Tempos de Pandemia. Hermes 25. São Paulo, 2020. p. 80-85. Disponível em: https://56e21911-d3ea-4540-a-187-2462bc327c83.filesusr.com/ugd/ff4469_18fe525db03d4faf85edeefdc-74f54d3.pdf. Acesso em 28 de mar. de 2023.

RATAN, R.; MILLER, D. B.; BAILLENSON, J. N. Facial Appearance Dissatisfaction Explains Differences in Zoom Fatigue. Cyberpsychology, Behavior, and Social Networking, v. 24, n. 7, p. 471-473, 2021.

RIES, J. How to Deal With Tech Neck When You Look at Screens All Day. **Self Newsletter.** Disponível em: 8 de maio de 2023. Acesso em: 29 de julho de 2023.

SILVA, F. A.; RAMOS, N. W. de L. O Profissional de Psicologia Clínica e seus ajustes na Pandemia da COVID-19
The Clinical Psychology Professional and his adjustments in the COVID-19 Pandemic. **IGT na Rede** ISSN 1807-2526, [S. l.], v. 17, n. 32, p. Brasil, 2020. Disponível em: http://igt.psc.br/ojs3/index.php/IGTnaRede/article/view/598. Acesso em: 3 maio. 2023.

VIGNESH, R. Stanford researchers identify four causes for 'Zoom fatigue' and their simple fixes. **Stanford News.** Disponível em:

https://news.stanford.edu/2021/02/23/four-causes-zoom-fatigue-solutions/ 23 de fevereiro de 2021. Acesso em: 29 de julho de 2023.

YELLOWLEES, Peter; SHORE, Jay H. Telepsychiatry and Health Technologies: A Guide for Mental Health Professionals. Edição ilustrada. American Psychiatric Pub, 2018. ISBN 1615371605, 9781615371600.

Palavras finais

Ivelise Fortim,
Thiago Francisco Peppe Del Poço e
João Victor Rezende dos Santos

É gratificante terminar um livro como este que reúne tantos anos de estudo e trabalho em atendimento *online* de nossa equipe. Nosso intuito foi poder compartilhar com outros profissionais de saúde mental nossa experiência nesses atendimentos, bem como discussões teóricas relevantes para o tema. Poderíamos falar muito mais sobre os temas em questão, entretanto não foi nosso propósito esgotar o material dessa vasta área, mas sim contribuir para o ensino e a formação continuada de profissionais de saúde.

O atendimento *online* já existe há alguns anos, ficou em evidência durante o período de pandemia e agora existem indícios de que essa modalidade é a favorita por parte dos pacientes. Entende-se que com o avanço das TICs, cada vez existirão mais pesquisas, desafios e discussões acerca dos atendimentos *online*.

A área de atendimento psicológico *online* tem adquirido fundamental importância dentro do campo da psicologia, e para que esse atendimento ocorra de maneira satisfatória é necessário que os profissionais de saúde mental se mantenham atualizados e atentos às novidades.

A tecnologia muda constantemente e, portanto, é sempre necessária a atualização por parte dos profissionais. Esperamos ter promovido reflexões com relação às principais preocupações com relação estrutura do atendimento *online* e suas questões éticas, e não apenas a seus aspectos técnicos, que podem mudar de acordo com a época em que serão implementados.

A introdução de novas tecnologias tem se mostrado uma tendência, no entanto, mais do que a adoção pela novidade, espera-se que o profissional assuma uma postura ética e crítica em relação à adoção das tecnologias e suas possíveis implicações na prestação de serviços de saúde mental.

Os temas apresentados nesse livro suscitam uma reflexão acerca do futuro da profissão e do progresso das TICs, assim, os terapeutas devem estar atentos e atualizados com mudanças na profissão. As videochamadas, no futuro, poderão ter: qualidade aprimorada de vídeo com o avanço das tecnologias de alta definição de vídeo e o aumento da banda de internet, assim pode ser que esse fator melhore a visão do terapeuta e do paciente durante as sessões, favorecendo a observação da linguagem não verbal por parte do terapeuta; barateamento de recursos com realidade aumentada e realidade virtual que podem ser utilizadas para tratamento de alguns transtornos ansiosos e fóbicos, além de utilizam com jogos para crianças e adolescentes; comunicação em realidade aumentada, onde terapeuta e paciente iriam se ver representados por avatares em tamanho real, facilitando a sensação de presença física, observação por parte do terapeuta e possível aumento de vínculo; acessibilidade universal independente da capacidade física ou tecnológicas dos usuários. Os *chatbots* com IA generativa poderão avançar mais a ponto de analisar as falas, voz, linguagem corporal, padrões do paciente e fornecer *insights* importantes para o terapeuta. Portanto, é importante não deixar longe das discussões o sigilo profissional e a segurança dos dados, o terapeuta deve sempre estar muito atento aos contratos e aplicativos utilizados e as políticas de segurança digital de cada empresa de TIC.

Palavras finais

Esperamos que esse livro colabore para a atuação de estudantes, docentes, psicólogos(as) e profissionais de saúde mental responsáveis pelos atendimentos psicológicos *online*.

Sobre os organizadores

Ivelise Fortim

Professora dos cursos de Psicologia e de Bacharelado em Jogos Digitais da PUC-SP, onde coordena o Janus – Laboratório de Estudos de Psicologia e Tecnologias da Informação e Comunicação. Sócia da Homo Ludens Inovação e Conhecimento. Coordena cursos de extensão na PUC-SP na área de psicologia e *eSports*, mídias interativas e orientação profissional. Possui Doutorado em Psicologia Clínica (PUC-SP), Mestrado em Ciências Sociais (PUC-SP), Graduação em Psicologia (PUC-SP) e especialista em Orientação Profissional pelo Sedes Sapientiae. Faz parte da equipe de especialistas da pesquisa TIC Domicílios do Comitê Gestor da Internet do Brasil (CGI.br).

Thiago Francisco Peppe Del Poço

Psicólogo e Mestre em Psicologia Experimental: Análise do Comportamento pela PUC-SP; especialista em Terapia Comportamental e Análise do Comportamento Aplicada (ABA) pela USP. Bacharel em Ciência da Computação pela UNIVEM. Faz parte da equipe de supervisão de alunos de Aprimoramento Clínico-Institucional em Psicologia da Clínica Escola Psicológica "Ana Maria Poppovic" (PUC-SP). Como docente, leciona para o curso de graduação em Psicologia na Universidade Cruzeiro do Sul e atua como supervisor em estágio de psicoterapia. Foi professor convidado de dois cursos de extensão da PUC-SP. O primeiro intitulado "Curso de Verão: Análise do Comportamento" e o segundo na modalidade Ensino a Distância, intitulado "Atendimento *Online*: Fundamentos e Possibilidades". Membro do grupo de pesquisa do Janus – Laboratório de Estudos de Psicologia e Tecnologias da Informação e Comunicação.

João Victor Rezende dos Santos

Psicólogo formado na Universidade Cruzeiro do Sul, atuando, desde a formação, com atendimento clínico *online* e presencial com adultos e casais, pela abordagem Winnicottiana, além de ser pesquisador nas temáticas relacionadas a terapia de casal. Especializações em Sexualidade, Erotismo e Cultura e Saúde Pública, com ênfase em Saúde da Família. Experiência como Responsável Técnico no Laboratório de Psicologia (Universidade Cruzeiro do Sul, 2020-2023). Atualmente, trabalha como Psicólogo Especialista em Saúde no NASF (Núcleo de Apoio à Saúde da Família) de Guarulhos-SP.

Sobre os autores

Ana Clara Lage

Formada em Psicologia pela PUC-Campinas. Formação complementar em Psicoterapia para Pessoas Enlutadas pela PUC-SP (Aprimoramento). Experiência clínica em atendimento psicoterapêutico para crianças, adolescentes e adultos. Membro do Janus-Leptic no ano de 2022.

Andrea Jotta

Psicóloga pela PUC-SP. Participou dos cursos de extensão de Atendimentos Psicológicos pela Internet da COGEAE-PUCSP. Desde 2004 realiza orientações e atendimentos psicoterápicos *online*. Estuda, palestra e fala sobre cyberpsicologia e a interface entre o ser humano, tecnologias e comportamentos em várias mídias. Membra do NPPI, de 2005 a 2016, e do Janus-Leptic entre 2017 e 2023.

Gabriella Cronemberger

Psicóloga formada pela PUC-SP. Aprimorada em Psicologia Analítica pela Clínica Psicológica Ana Maria Poppovic (PUC-SP). Formação em Neuropsicologia pelo Departamento de Neurologia da Faculdade de Medicina da Universidade de São Paulo (FMUSP). Membra do Janus-LEPTIC entre 2020 e 2023.

Guilherme Teixeira Ohl de Souza

Graduação e Aprimoramento clínico pela PUC-SP. Membro do NPPI, de 2002 a 2016, e do Janus-LEPTIC, desde 2017. Coautor dos livros: "Psicologia e Informática: O ser humano diante das novas tecnologias" e "Relacionamentos na era digital". Psicólogo-orientador pelo programa de Orientação Profissional, da parceria entre o Banco do Brasil e a COGEAE, nos anos de 2003-2004 e 2008-2009. Ministrou aulas a respeito da legislação de atendimentos psicológicos *online*, de 2006 a 2016 pelo NPPI, e de 2017 a 2023 pelo Janus-LEPTIC. Atendimento em psicoterapia e orientação psicológica, em consultório desde 2001.

Heloísa Kuhnen

Psicóloga e Mestranda em Psicologia Clínica, pelo Núcleo de Estudos Junguianos, ambos pela PUC-SP.

Ivelise Fortim

Professora dos cursos de Psicologia e de Bacharelado em Jogos Digitais da PUC-SP, onde coordena o Janus – Laboratório de Estudos de Psicologia e Tecnologias da Informação e Comunicação. Sócia da Homo Ludens – Inovação e Conhecimento. Coordena cursos de extensão na PUC-SP, na área de psicologia e *eSports*, mídias interativas e orientação profissional. Possui Doutorado em Psicologia Clínica (PUC-SP), Mestrado em Ciências Sociais (PUC-SP), e Graduação em Psicologia (PUC-SP), especialista em Orientação Profissional pelo Sedes Sapientiae. Faz parte da equipe de especialistas da pesquisa TIC Domicílios, do Comitê Gestor da Internet do Brasil (CGI.br).

João Victor Rezende dos Santos

Psicólogo formado na Universidade Cruzeiro do Sul, atuando, desde a formação, com atendimento clínico *online* e presencial com adultos e casais, pela abordagem Winnicottiana, além de ser pesquisador nas temáticas relacionadas a terapia de casal. Especializações em Sexualidade, Erotismo e Cultura e Saúde Pública, com ênfase em Saúde da Família. Experiência como Responsável Técnico no Laboratório de Psicologia (Univ. Cruzeiro do Sul, 2020-2023). Atualmente, Psicólogo Especialista em Saúde no NASF (Núcleo de Apoio à Saúde da Família) de Guarulhos – SP.

Katty Zúñiga

Psicóloga pela PUC-SP, com formação em Psicologia Analítica, coligada às técnicas corporais, e especializada em Cinesiologia (Jung e Corpo), pelo Instituto Sedes Sapientiae. Possui experiência em orientação profissional e no impacto da tecnologia digital no comportamento humano. Professora convidada do curso de extensão, da PUC-SP, em "Atendimento psicológico *Online*: fundamentos e possibilidades". Atende em consultório presencial e *online*. Membra do NPPI, de 2000 a 2016, e do Janus-LEPTIC, entre 2017 e 2023.

Ligia Kinzo

Psicóloga Clínica, Especialização em Jung e Corpo, pelo Instituto Sedes Sapientiae. Aprimoramento no Curso de Psicoterapia de Adultos, da perspectiva Analítica Junguiana, pela PUC. Membra do Janus – Laboratório de Estudos de Psicologia e Tecnologias da Informação e Comunicação da PUC, de 2020 a 2023.

Paulo Annunziata

Psicólogo clínico pela PUC-SP, formado em Psicoterapia Fenomenológica-Existencial pelo Regent's College de Londres, e em trabalho grupal na abordagem fenomenológica pelo Fenô e Grupos. Atua em consultório e é supervisor clínico do Curso de Especialização em Fenomenologia Existencial da UNICSUL. Membro do NPPI, de 2000 a 2016, e do Janus-LEPTIC, entre 2017 e 2023.

Thiago Francisco Peppe Del Poço

Psicólogo e Mestre em Psicologia Experimental: Análise do Comportamento pela PUC-SP; especialista em Terapia Comportamental e Análise do Comportamento Aplicada (ABA) pela USP. Bacharel em Ciência da Computação pela UNIVEM. É voluntário da equipe de supervisão de alunos de Aprimoramento Clínico-Institucional em Psicologia da Clínica Escola Psicológica "Ana Maria Poppovic" (PUC-SP). Como docente, leciona para o curso de graduação em Psicologia na Universidade Cruzeiro do Sul e atua como supervisor de estágio de psicoterapia. Foi professor de aulas conceituais e aplicadas para o curso de extensão, da PUC-SP, intitulado "Curso de Verão: Análise do Comportamento" por três anos e foi professor convidado para o curso de extensão na modalidade Ensino a Distância, da PUC-SP, intitulado "Atendimento *Online*: Fundamentos e Possibilidades" por seis anos. Membro do grupo de pesquisa do Janus – Laboratório de Estudos de Psicologia e Tecnologias da Informação e Comunicação, participando entre 2017 e 2023.

Sobre o Janus

O Janus – Laboratório de Estudos de Psicologia e Tecnologias da Informação e Comunicação realiza estudos, pesquisas e serviços da psicologia na sua interface com a tecnologia digital e outras áreas do conhecimento adjacentes. Organizado em 2017, o grupo surgiu da convergência de interesses científicos de pesquisadores oriundos da Pontifícia Universidade Católica de São Paulo (PUC-SP). Seus objetivos acadêmicos são desenvolver reflexões, estudos e pesquisas sobre a utilização de tecnologias da informação e comunicação, os jogos digitais, a orientação psicológica *online* e outros serviços psicológicos mediados por tecnologia digital, bem como estudar a influência das novas mídias no comportamento.

Janus é uma divindade romana com duas faces: uma que olha para o passado e outra que olha para o futuro. Esta é a vocação deste laboratório, procurando ter a visão de um ser humano que possui uma história, mas que se atenta para as possibilidades tecnológicas do futuro para pensar a relação do homem com a tecnologia também no presente. Na mitologia romana diz-se que Janus também construiu o primeiro barco, sendo uma das divindades que está associada a criação das novas tecnologias.

UM POUCO DA NOSSA HISTÓRIA

Antes de se chamar Janus, o núcleo atendia pelo nome de NPPI – Núcleo de Pesquisas de Psicologia e Informática. As atividades do NPPI se iniciaram em meados de 1995 com a proposição do projeto de informatização da Clínica Escola da PUC-SP. A meta original desse projeto era apenas facilitar a comunicação entre a Clínica e a Comunidade Acadêmica. Assim, a primeira proposta feita pelos professores Lorival de Campos Novo e Rosa Maria Farah consistia apenas na criação de uma edição informatizada do «Boletim Clínico», publicação que na época estava sendo lançada pelo Prof. Dr. Efraim Boccalandro.

Concomitante à criação deste projeto chegava ao Brasil a Internet aberta. Rapidamente os professores se deram conta do caráter extremamente ágil e versátil que a interatividade — propiciada pela informatização — poderia imprimir ao diálogo Clínica-Comunidade, e essa percepção os levou a ampliar o projeto inicial.

A partir do diálogo com a comunidade, estabelecido por meio desse *site* pioneiro, outras ampliações foram agregadas à proposta original da equipe, em especial o desenvolvimento e implantação de Serviços Psicológicos Mediados por computadores. Em paralelo, a estrutura da equipe de trabalho foi ganhando forma mais definida, dando origem ao NPPI — o Núcleo de Pesquisas da Psicologia em Informática —, núcleo esse inserido como um dos Serviços Multidisciplinares da Clínica Psicológica Ana Maria Poppovic. O principal serviço oferecido pelo NPPI ao longo de sua existência foi a Orientação Psicológica via e-mail.

Durante 20 anos o NPPI trabalhou na oferta, ampliação e aprimoramento dos Serviços Psicológicos mediados por computadores, no que diz respeito à organização de rotinas de trabalho e desenvolvimento de novas modalidades, em consonância com as demandas da população de internautas atendidos. Além disso, participou na promoção e organização de eventos e cursos de extensão, visando difundir as informações pertinentes à nova área da Psicologia que se ocupa das interfaces "Psicoinfo" junto aos profissionais interessados. Participou e ajudou na organização dos eventos "III Jornada do NPPI sobre Psicologia e Informática", 2008; "III Psicoinfo Sem. Bras. de Psicologia e Informática e II Jornada do NPPI sobre Psicologia e Informática, em 2006"; "I Jornada de Psicologia e Informática do NPPI, 2005".

Entre os anos de 2000-2008 também ofertou, em parceria com a profa. Maria Elci Spaccaquerche, o programa "Orientação Profissional *online*", por solicitação do Banco do Brasil, tendo atendido mais de 500 jovens.

Foram ofertadas diversas disciplinas eletivas sobre a área das interfaces Psicologia e tecnologias da informação e comunicação. A disciplina foi se transformando ao longo dos anos, sendo oferecida desde 2004. Atualmente é ofertada uma disciplina sobre os impactos psicológicos das redes sociais.

Do ano de 2005 ao ano de 2022 foi ofertado o curso de extensão "Psicologia e Informática: um Panorama sobre os Relacionamentos Virtuais e os Serviços Psicológicos Mediados por Computadores", abertos aos(as) psicólogos(as) e profissionais de áreas afins. O curso se propunha a ensinar as diferentes facetas do atendimento *online*, que foi sendo modificado com o correr dos anos. Este curso é a base do livro que estamos apresentando e reúne as principais aulas oferecidas em sua última edição.

Em 2017, com o falecimento da profa. Rosa Farah, o núcleo passou por reformulações e foi transformado no atual Janus – Laboratório de Estudos de Psicologia e Tecnologias da Informação e Comunicação, sob a coordenação da profa. Dra. Ivelise Fortim.

Atualmente, o Janus atende ao público em diferentes modalidades de psicoterapia *online*. Também produz textos, artigos e demais publicações que visam estimular a reflexão e a orientação da população sobre temas da área de interface entre a Psicologia e as tecnologias da informação e comunicação (TICs).

O núcleo oferta disciplinas eletivas sobre a área das interfaces entre Psicologia e TICs aos alunos da Graduação em Psicologia, da Faculdade de Ciências Humanas e da Saúde da PUC-SP, além de realizar palestras e participação em eventos acadêmicos e científicos.

O Janus possui um grupo de pesquisa no CNPQ, reunindo pesquisadores sobre os temas das interfaces entre Psicologia e TICs. Também oferta de cursos de extensão abertos aos(as) psicólogos(as).

Além da professora responsável pela coordenação e supervisão clínica dos serviços oferecidos, a equipe é composta por psicólogos(as) do Curso de Aprimoramento Clínico da Clínica Escola da PUC-SP. Possui dois cursos de extensão: Adolescência, Saúde mental e Mídias Interativas, e Psicologia e carreira em *eSports*. Também possui o curso de especialização "Psicologia do Esporte nos *eSports*".